U0456950

2023
中国电源发展
分析报告

国网能源研究院有限公司 编著

中国电力出版社
CHINA ELECTRIC POWER PRESS

图书在版编目（CIP）数据

中国电源发展分析报告.2023/国网能源研究院有限公司编著.—北京：中国电力出版社，2024.2
ISBN 978-7-5198-8589-2

Ⅰ.①中⋯　Ⅱ.①国⋯　Ⅲ.①电能－经济发展－研究报告－中国－2023　Ⅳ.①F426.61

中国国家版本馆 CIP 数据核字（2024）第 025221 号

出版发行：中国电力出版社
地　　址：北京市东城区北京站西街 19 号（邮政编码 100005）
网　　址：http://www.cepp.sgcc.com.cn
责任编辑：刘汝青（010-63412382）　安小丹
责任校对：黄　蓓　郝军燕
装帧设计：赵姗姗
责任印制：吴　迪

印　　刷：三河市万龙印装有限公司
版　　次：2024 年 2 月第一版
印　　次：2024 年 2 月北京第一次印刷
开　　本：787 毫米×1092 毫米　16 开本
印　　张：6.5
字　　数：88 千字
印　　数：0001—1500 册
定　　价：158.00 元

声　明

一、本报告著作权归国网能源研究院有限公司单独所有，未经公司书面同意，任何个人或单位都不得引用、转载、摘抄。

二、本报告中梳理发电生产、电源投资、发电能源、发电企业情况等均来自报告页下注和文末所列参考文献，如对参考文献的解读有不足、不妥或理解错误之处，敬请谅解，烦请参考文献的作者随时指正。

序　言

经过一年来的艰辛探索和不懈努力，国网能源研究院有限公司（简称国网能源院）遵循智库本质规律，思想建院、理论强院，更加坚定地踏上建设世界一流高端智库的新征程。百年变局，复兴伟业，使能源安全成为须臾不可忽视的"国之大者"，能源智库需要给出思想进取的回应、理论进步的响应。因此，对已经形成的年度分析报告系列，谋划做出了一些创新的改变，力争让智库的价值贡献更有辨识度。

在 2023 年度分析报告的选题策划上，立足转型，把握大势，围绕碳达峰碳中和路径、新型能源体系、电力供需、电源发展、新能源发电、电力市场化改革等重点领域深化研究，围绕世界 500 强电力企业、能源电力企业数字化转型等特色领域深度解析。国网能源院以"真研究问题"的态度，努力"研究真问题"。我们的期望是真诚的，不求四平八稳地泛泛而谈，虽以一家之言，但求激发业界共同思考，在一些判断和结论上，一定有不成熟之处。对此，所有参与报告研究编写的研究者，没有对鲜明的看法做模糊圆滑的处理，我们对批评指正的期待同样是真诚的。

在我国能源发展面临严峻复杂内外部形势的关键时刻，国网能源院对"能源的饭碗必须端在自己手里"，充满刻骨铭心的忧患意识和前所未有的责任感，为中国能源事业当好思想先锋，是智库走出认知"舒适区"的勇敢担当。我们深知，"积力之所举，则无不胜也；众智之所为，则无不成也。"国网能源院愿与更多志同道合的有志之士，共同完成中国能源革命这份"国之大者"的答卷。

国网能源研究院有限公司

2023 年 12 月

前　言

　　《中国电源发展分析报告　2023》是国网能源院 2023 年度系列分析报告之一。自 2009 年以来，已经连续出版了 13 年，今年是第 14 年。本报告持续跟踪我国电源生产运行、投资建设、发电能源、发电企业和发电技术等相关内容，开展电源发展情况分析；在此基础上，开展电源高质量发展综合评价，并对电源发展和供需形势进行分析和预测；最后，紧密围绕社会各方广泛关注的电源发展热点问题开展专题分析。

　　本报告共分为 5 章。其中，第 1 章系统梳理与分析了 2022 年电源发展总体情况；第 2 章分析了 2022 年分类型电源发展情况；第 3 章对 2022 年电源高质量发展水平进行了综合评价；第 4 章进行了 2023 年及"十四五"中后期供需情况分析展望；第 5 章探讨了电源发展中的热点问题，包括"十四五"电力发展中期评估、储能促进新能源消纳和保障电力供应作用研究、发电机组未来"退役潮"对电力系统的影响研究。

　　限于作者水平，虽然对书稿进行了反复研究推敲，但难免仍会存在疏漏与不足之处，期待读者批评指正！

编著者

2023 年 11 月

目　录

概　　述

2022 年以来，俄乌冲突、新冠疫情、极端天气等影响因素叠加，对我国能源电力安全供应带来巨大挑战。国家统筹发展和安全，多措并举，采取供需调节、市场监管、预期引导等一系列保供稳价措施，推动电力安全保供和转型升级。本报告跟踪分析了 2022 年我国电源发展情况，预测了 2023 年及"十四五"中后期电力供需情况，并对未来我国电力发展有关重大问题进行研究，报告的主要结论和观点如下：

（一） 2022 年电源发展态势

（1）电源装机总容量稳步增长，非化石能源发电装机占比持续提升，华北、华东、南方三地区电源装机容量占比维持较高水平；全年发电量增速有所下降，除太阳能发电外，其他类型电源利用小时数均有不同程度下降。

截至 2022 年底，我国发电装机总容量达 25.6 亿 kW，比上年增长 7.8%，增速降低 0.2 个百分点。**其中**，非化石能源发电装机容量达到 12.7 亿 kW，占总装机容量的 49.5%，比上年提高约 2.5 个百分点。从布局看，华北、华东、南方地区仍然是电源装机容量最大的地区，合计约占全国电源装机总容量的 60.6%，与上年基本持平。从发电量看，2022 年我国累计完成发电量 86 941 亿 kW·h，增长 3.6%，增速下降 6.5 个百分点。由于发电量增速低于发电装机容量增速，2022 年全国电源平均利用小时数下降 126h。其中，火电降低 65h；受来水偏枯影响，水电利用小时数下降 194h，为"十三五"以来年度最低；核电降低 186h，为"十三五"以来首次降低；风电降低 9h；太阳能发电利用小时数比上年提高 56h，成为主要电源类型中利用小时数增加的唯一电源。

(2) 全年煤炭消费增量有限，煤炭产量再创历史新高；天然气消费近年来首次出现负增长，天然气进口量有所降低；发电用煤增速降低，发电用气量略有下降。

2022年，受新冠疫情多点散发、俄乌冲突等多重因素的冲击，煤炭市场价格高位波动，全年煤炭消费增量有限；在国内煤炭增产增供政策及措施驱动下，煤炭产量再创历史新高。受用电量增速放缓影响，2022年，我国发电用煤消费量约14.4亿t标准煤，比上年增长0.5%，增速降低7.5个百分点。受国内经济增长放缓、国际天然气价格高企等多重因素叠加影响，天然气消费量首次出现负增长。全年天然气产量较快增长，进口气规模受其价格大幅上涨影响而降低约10%，对外依存度降至41.3%，达到近五年来最低点。发电用气量约648亿m³，比上年降低1.7%。

(3) 五大发电集团营业状况均有好转，资产负债率有所降低，大型地方发电企业营业收入增速高于五大发电集团，资产负债率低于五大发电集团。

受煤电机组上网电价上调、新能源发电量增加等因素影响，2022年五大发电集团全年营业收入合计约21 621亿元，比上年增长13.2%。五大发电集团资产负债率有所降低，平均资产负债率达到68.2%，比上年降低2.0个百分点。通过对9家大型地方发电企业❶进行调查，2022年9家大型地方发电企业全年营业收入合计6517亿元，比上年上升14.7%，平均资产负债率为60.2%，增加1.3个百分点，但仍比五大发电集团低8个百分点。

（二）2022年电源发展综合评价

新增"保供和转型统筹指数"指标，能够更好地反映保供和转型的统筹程度，2022年全国保供和转型统筹指数为1.38，保供相对转型压力更大。 统筹好保供和转型是电源高质量发展的重要目标，随着新能源占比逐步提升，向新型电力系统演变过程中的复杂程度也急剧增加，单纯使用物理性指标来评价保供

---

❶ 9家大型地方发电企业分别是广东能源集团、浙能集团、北京能源、河北建投、四川能投、广州发展、安徽皖能、江苏国信、申能股份。

与转型的进展，不足以反映保供和转型的真实难度和实际进展。因此，本年度新增"保供和转型统筹指数"指标，通过调研一线人员对地方实际保供形势和转型形势的直观感受，表征评价年度保供和转型的统筹平衡程度。2022 年全国整体保供和转型统筹指数为 1.38，相对转型，保供更为承压。

电源高质量发展在清洁、低碳、高效、灵活方面的良好势头持续巩固，安全和经济指标转变上一年度下降趋势，指标得分有所回升。 2022 年度，电源发展的清洁、低碳、高效、灵活指标得分持续升高，这 4 方面的电源高质量发展良好势头持续巩固。从安全指标来看，虽然局部地区部分月份一次能源供应仍偏紧，得益于常规电源装机容量保持增长，机组可靠性水平稳中有升，安全指标得分有所回升。从经济指标来看，发电企业平均上网电价略有上升，尽管火电业务仍然亏损，但发电企业总体利润由亏转盈，电源经济性指标得分小幅上升。

（三）2023 年和 2025 年电源发展预测

预计到 2023 年底，全国发电装机容量将达到 28.4 亿 kW，比上年增长 10.8%，非化石能源发电装机比重增至 51% 左右。 分电源品种看，水电、火电、核电、风电、太阳能发电装机容量分别达到 4.2 亿、13.9 亿、5751 万、4.4 亿、5.2 亿 kW，分别比上年增长 2.2%、4.5%、3.6%、19.3%、32.1%，占电源总装机的比重分别为 14.9%、49.0%、2.0%、15.3%、18.3%。

"十四五"末期，各类电源装机规模持续增长。预计 2023－2025 年，全国新增装机容量约为 9 亿 kW，年均增长率约为 8.5%。 其中，水电新投产超过 3700 万 kW，年均增长率约为 4.4%；火电新投产近 2.7 亿 kW，年均增长率约为 6.5%；核电新投产 1478 万 kW，年均增长率达到 8.2%；风电新投产超过 1.7 亿 kW，太阳能发电新投产超过 3 亿 kW，年均增长率分别达到 13.7% 和 21.5%。预计 2025 年，全国电力装机容量将达到 34.6 亿 kW。其中，水电装机容量约为 4.6 亿 kW，占比 13.4%，主要分布于西南、南方区域。核电总装机容量超过 7000 万 kW，占比 2.0%，主要分布于南方和华东区域。火电装容量约为 16 亿 kW, 占比 44.8%。风电装机容量约为 5.4 亿 kW, 占比 15.5%, 主要分布于 "三北" 地区。太阳能发电装机容量约为 7.0 亿 kW, 占比 20.3%, 主要分布于西北、华北地区。

预计到 2023 年、2024 年部分省份存在电力供需偏紧, 到 "十四五" 末基本平衡。2023 年、2024 年国家电网经营区一半省(区、市)电力供需偏紧, 其中, 华北、西北和西南区域供需较为紧张。2025 年, 由于扩能改造煤电项目和跨区通道集中投运, 供需矛盾得到明显缓解。

(四)专题研究

(1)评估《"十四五" 现代能源体系规划》(简称《规划》)执行情况, 总体上绝大多数指标均按《规划》要求进度执行。"十四五" 后期, 要做好配套政策机制设计推动电力行业高质量发展。

"十四五" 前两年, 新能源发展迅猛, 电力装机总量年均增长 7.9%, 高于《规划》预测增速(6.4%), 有望完成装机总量目标；能源消费结构持续优化, 预计非化石能源占比目标能够实现；电源结构逐步优化, 非化石能源发电量占比达到 36.2%, 灵活调节电源占比目标预计能够实现；常规水电装机目标有望如期实现, 核电装机前两年年均增速为 5.5%, 进度滞后于目标；煤电机组节能改造加快推进, 完成《规划》目标的 43%。**研判 "十四五" 制约电力发展面临的关键问题**: 煤电、气电等常规保障电源发展积极性不高, 部分地区建设滞后；极端天气频率增加, 成为未来影响电力供应的最大不确定性因素；新能源渗透率超过一定水平后, 系统成本将大幅上涨；引导灵活性资源配置的市场机制有待完善。**"十四五" 后期, 在把握关键问题的基础上, 须重点做好以下工作**: 持续改善火电企业可持续经营能力；要高度重视极端天气下的电力保供问题；通过新能源 "量率" 协同, 推动新能源健康发展；通过完善电力市场设计实现灵活性资源容量价值和调节能力价值发现。

(2)日调节储能促消纳和保供电效果存在 "天花板", 应科学认识日调节储能作用, 通过合理配置不同调节性能储能设施、因地制宜制定各地区利用率

管控目标，更好地适应新型电力系统发展需求。

储能促进新能源消纳方面，在新能源高渗透率下，连续弃风弃光现象频发，导致短时储能在短周期内"无处放电"，难以发挥促进消纳作用，不能简单认为"新能源＋储能"即可解决消纳问题。**保障电力供应方面**，尽管增加短时储能可提升供需紧张时刻保供能力，但若电力盈余时段的累积过剩电量（可控电源最大技术出力与当前出力之差）低于电力短缺时段的累积缺口电量，将引发"无电可储"现象，此时储能的保供作用已饱和，再增加规模对减小电力缺口效果有限。**为此**，应科学认识储能对新能源消纳和电力保供的作用，精准划分储能类型，合理配置不同调节性能储能设施，因地制宜制定各地区利用率管控目标。

（3）未来全国发电机组会出现较为集中的"退役潮"，对电力系统带来较大考验，应加强机组"退役潮"潜在风险的排查和监测预警，合理安排机组退役规模和时序，有序推动光热发电替代西北退役煤电和风电、光伏发电。

从**电力安全供应**看，碳达峰后大规模发电机组集中退役会对电力系统保供能力带来冲击，以煤电为例，为保障电力供需平衡，2040 年全国煤电需求缺口为 2.1 亿 kW，到 2050 年，需求缺口进一步扩大。**从新能源安全消纳看**，风、光机组扩容替代会增加系统调峰需求，初步测算，2035 年前全国风电机组扩容替代将新增系统调峰需求 5000 万 kW，增大电网平衡调节难度。**从电网安全运行看**，输变电设备技改投资尖峰与机组退役尖峰叠加后，对电网投资能力提出更大需求。**建议**，一是加强机组"退役潮"对电力系统带来的潜在风险的排查和监测预警，为风险治理提供数据支撑；二是合理安排机组退役规模和时序，避免大规模机组集中退役对电力供应安全和运行安全的冲击；三是考虑碳达峰后碳减排约束对煤电发展的制约，应提前推动光热发电技术升级和产业化，有序推动光热发电替代西北退役煤电和风电、光伏发电。

（撰写人：伍声宇、张晋芳、张富强　审核人：张富强）

1

2022 年电源发展
总体情况

🖊 **章节要点**

　　2022 年，电源装机容量稳步增长，电源结构持续优化，非化石能源发电装机容量突破 12 亿 kW，华北、华东、南方三地区电源装机容量占全国总装机容量的 60.6%。2022 年全国发电装机总容量达 25.6 亿 kW，比上年增长 7.8%，增速比上年降低 0.2 个百分点。水电、核电、风电、太阳能发电等非化石能源装机容量达到 12.7 亿 kW，占总装机容量的 49.5%，比上年提高约 2.5 个百分点。华北、华东、南方地区仍然是电源装机容量最大的地区，合计约占全国电源装机容量的 60.6%，与上年基本持平。

　　全年发电量增速放缓，非化石能源发电量占比持续提升，除太阳能发电外，其他类型电源利用小时数均有所下降。2022 年我国累计完成发电量 86 941 亿 kW·h，比上年增长 3.6%，增速比上年下降 6.5 个百分点。非化石能源全年发电量约 29 628 亿 kW·h，占比达到 34.1%，比上年提高约 1.6 个百分点。2022 年 6000kW 及以上电厂发电设备利用小时数达到 3687h，比上年下降 126h，除太阳能发电外，其他类型电源利用小时数均有所下降。

　　电源投资总额大幅增加，除水电、风电投资额回落外，其他类型电源投资额均有不同幅度增长。2022 年电源工程建设完成投资 7208 亿元，比上年增长 22.8%，增速比上年提升 11.9 个百分点。从电源投资结构来看，水电、风电投资额分别下降 26.5%、24.3%，核电、太阳能发电、火电投资额分别比上年增长 25.7%、225%、28.4%。

　　发电用能比重与上年基本持平，一次电力消费比重稳步提升。受用电量增速放缓影响，2022 年我国发电用能约为 24.7 亿 t 标准煤，比上年增长 3.3%，增速比上年降低 6.0 个百分点。发电用能占一次能源消费总量的比重为 45.7%，与上年基本持平。一次电力消费达到 8.4 亿 t 标准煤，约占一次能源消费总量的 15.5%，比上年提高 0.7 个百分点。

　　2022 年，五大发电集团经营状况均有好转，资产负债率均有所降低。截至
2022 年底，受煤电机组上网电价上调、新能源发电量增加等因素影响，五大发
电集团全年营业收入合计约 21 621 亿元，比上年增长 13.2%。五大发电集团举
债降低，2022 平均资产负债率达到 68.2%，比上年降低 2.0 个百分点。

1.1 装 机 容 量

总量方面，电源装机规模稳步增长，增速与上年基本持平。 从新增发电装机总规模看，2011 年以来连续 11 年新增发电装机容量超过 1 亿 kW，2022 年在新能源装机容量高速增长带动下，全年新增发电装机容量❶ 1.9 亿 kW，创历史新高。截至 2022 年底，我国发电装机总容量达 25.6 亿 kW，比上年增长 7.8%，增速比上年降低 0.2 个百分点[1-2]。2011—2022 年全国发电装机容量及增速如图 1-1 所示。

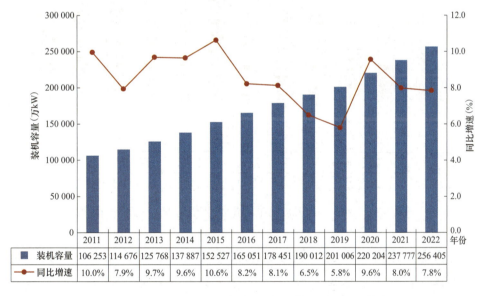

年份	2011	2012	2013	2014	2015	2016	2017	2018	2019	2020	2021	2022
装机容量	106 253	114 676	125 768	137 887	152 527	165 051	178 451	190 012	201 006	220 204	237 777	256 405
同比增速	10.0%	7.9%	9.7%	9.6%	10.6%	8.2%	8.1%	6.5%	5.8%	9.6%	8.0%	7.8%

图 1-1　2011—2022 年全国发电装机容量及增速

结构方面，电源结构持续优化，风光装机容量达 7.6 亿 kW、占比 29.6%，电力低碳转型持续深入，非化石能源发电装机容量突破 12 亿 kW、占比接近一

---

❶ 本章中 2011—2021 年电力数据来自中国电力企业联合会历年的《电力工业统计资料汇编》，2022 年数据来自《2022 年全国电力工业统计快报》，2022 年新增发电装机容量根据 2022 年底装机容量减 2021 年底装机容量计算得到。

半。截至 2022 年底，我国水电、核电、风电、太阳能发电、生物质等非化石能源装机容量达到 12.7 亿 kW，占全国总装机容量的 49.5%，比上年提高约 2.5 个百分点。其中，水电装机容量占比 16.1%，较上年下降 0.3 个百分点；风电装机容量占比 14.3%，较上年提高约 0.5 个百分点；太阳能发电装机容量占比 15.3%，较上年提高约 2.4 个百分点。2011—2022 年全国电源装机容量结构变化情况如图 1-2 所示。

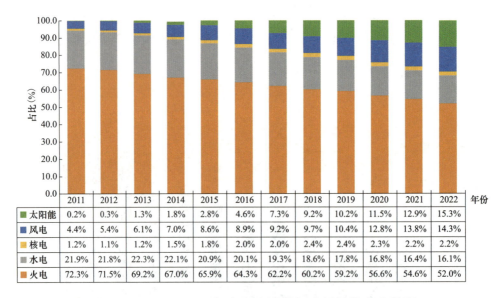

	2011	2012	2013	2014	2015	2016	2017	2018	2019	2020	2021	2022
太阳能	0.2%	0.3%	1.3%	1.8%	2.8%	4.6%	7.3%	9.2%	10.2%	11.5%	12.9%	15.3%
风电	4.4%	5.4%	6.1%	7.0%	8.6%	8.9%	9.2%	9.7%	10.4%	12.8%	13.8%	14.3%
核电	1.2%	1.1%	1.2%	1.5%	1.8%	2.0%	2.0%	2.4%	2.4%	2.3%	2.2%	2.2%
水电	21.9%	21.8%	22.3%	22.1%	20.9%	20.1%	19.3%	18.6%	17.8%	16.8%	16.4%	16.1%
火电	72.3%	71.5%	69.2%	67.0%	65.9%	64.3%	62.2%	60.2%	59.2%	56.6%	54.6%	52.0%

图 1-2　2011—2022 年全国电源装机容量结构变化情况

　　布局方面，电源装机的地域分布基本维持上年格局，华北、华东、南方地区装机容量占比仍维持较高水平。2022 年，华北、华东、南方地区仍然是电源装机容量最大的地区，合计约占全国电源装机容量的 60.6%，与上年基本持平。其中，华北地区装机容量占比最高，为 25.0%，比上年提高 0.3 个百分点；华东地区装机容量占比为 18.5%，比上年降低 0.2 个百分点；南方地区装机容量占比为 17.1%，与上年持平。2021—2022 年全国电源装机容量地域分布情况如图 1-3 所示。

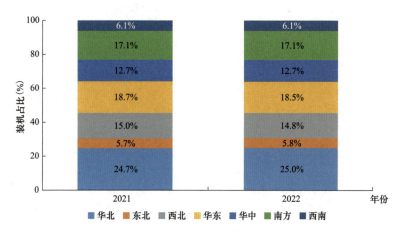

图 1-3 2021—2022 年全国电源装机容量地域分布情况

1.2 发 电 量

受新冠疫情影响，我国全年发电量增速有所下降。受国内新冠疫情多点散发、俄乌冲突等多重因素影响，2022 年我国全社会用电量 8.6 万亿 kW·h，比上年增长 3.6%，增速比上年下降 6.7 个百分点。受此影响，2022 年我国累计完成发电量 86 941 亿 kW·h，比上年增长 3.6%，增速比上年下降 6.5 个百分点。其中，**火电发电量占比仍然最高，**完成发电量 57 307 亿 kW·h，占全国发电量的 65.9%，占比较上年降低 1.6 个百分点，全年火电发电量比上年增长 1.2%，增速比上年降低 8.2 个百分点。**风电和太阳能发电量显著增长，**其中，风电发电量增速最快，完成发电量 7624 亿 kW·h，比上年增长 16.3%，太阳能发电完成发电量 4276 亿 kW·h，比上年增长 30.8%，风电和太阳能发电量占全国发电量的 13.7%，比上年提高 2.0 个百分点。**非化石能源发电量占比持续提升，**全年发电量约为 31 467 亿 kW·h，占全国发电量的 36.2%，比上年提高 1.7 个百分点。2022 年全国电力生产量及构成见表 1-1，2011—2022 年全国发电量及增速情况如图 1-4 所示。

表 1 - 1　　　　　　　　　　2022 年全国电力生产量及构成

电源类型	发电量 （亿 kW·h）	比上年增长 （%）	结构占比 （%）
火电	57 307	1.2	65.9
其中：燃煤（含煤矸石）	50 770	0.7	58.4
燃气	2694	−6.1	3.1
水电	13 550	1.1	15.6
其中：抽水蓄能	493	26.4	0.6
核电	4178	2.5	4.8
风电	7624	16.3	8.8
太阳能发电	4276	30.8	4.9
其他	6	147.8	
合计	86 941	3.6	100.0

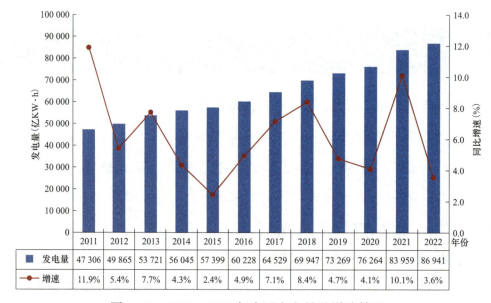

	2011	2012	2013	2014	2015	2016	2017	2018	2019	2020	2021	2022
■ 发电量	47 306	49 865	53 721	56 045	57 399	60 228	64 529	69 947	73 269	76 264	83 959	86 941
● 增速	11.9%	5.4%	7.7%	4.3%	2.4%	4.9%	7.1%	8.4%	4.7%	4.1%	10.1%	3.6%

图 1 - 4　2011−2022 年全国发电量及增速情况

　　分区域来看，华北地区是 2022 年我国新增发电量最多的地区，全年新增发电量为 1085 亿 kW·h，占全国新增发电量的 36.4%。截至 2022 年底，华北地区发电量最高，完成发电量约 21 455 亿 kW·h，占全国发电量的 24.7%；华东地区其次，完成发电量约 17 603 亿 kW·h，占全国发电量的 20.2%。2021−2022 年各区域累计完成发电量与增速情况如图 1 - 5 所示。

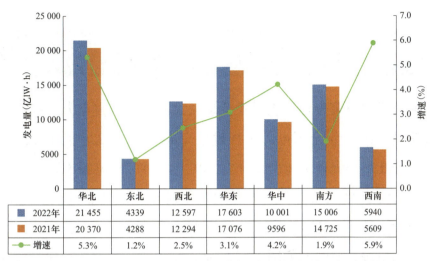

	华北	东北	西北	华东	华中	南方	西南
2022年	21 455	4339	12 597	17 603	10 001	15 006	5940
2021年	20 370	4288	12 294	17 076	9596	14 725	5609
增速	5.3%	1.2%	2.5%	3.1%	4.2%	1.9%	5.9%

图 1-5　2021—2022 年各区域累计完成发电量与增速情况

　　除太阳能发电外，其他类型电源利用小时数均有所下降。受全社会用电量增速放缓影响，2022 年全国电源利用小时数比上年下降 126h。受来水偏枯影响，水电利用小时数比上年下降 194h，为"十三五"以来年度最低；核电降低 186h；风电降低 9h；火电降低 65h，"十三五"以来呈波动态势。太阳能发电利用小时数比上年提高 56h，成为主要电源类型中唯一增加的。"十三五"以来电源利用小时数变化情况如图 1-6 所示。

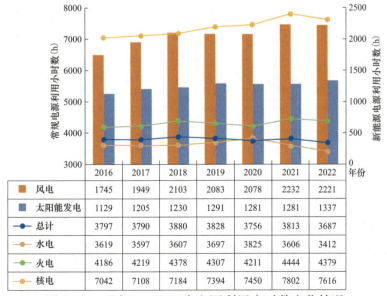

	2016	2017	2018	2019	2020	2021	2022
风电	1745	1949	2103	2083	2078	2232	2221
太阳能发电	1129	1205	1230	1291	1281	1281	1337
总计	3797	3790	3880	3828	3756	3813	3687
水电	3619	3597	3607	3697	3825	3606	3412
火电	4186	4219	4378	4307	4211	4444	4379
核电	7042	7108	7184	7394	7450	7802	7616

图 1-6　"十三五"以来电源利用小时数变化情况

1.3 电 源 投 资

在太阳能发电投资带动下电源投资总额大幅增加，占电力工程投资总额的比重快速提高。2022 年全国电力工程建设完成投资 12 220 亿元，比上年上升 13.3%，增速比上年提升 7.4 个百分点。其中，2022 年电源工程建设完成投资 7208 亿元，比上年增长 22.8%，增速比上年提升 11.9 个百分点。电源投资占电力工程总投资的比重达 59.0%，比上年提高约 4.6 个百分点[3]。2012—2022 年我国电力与电源投资情况如图 1-7 所示。

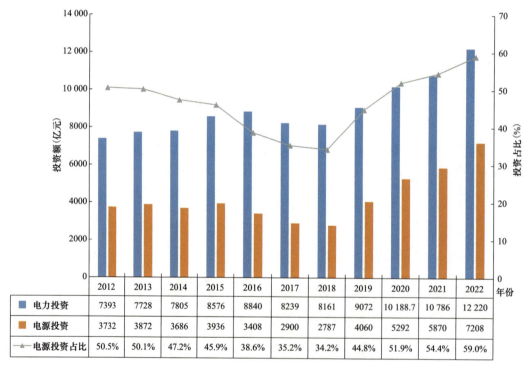

年份	2012	2013	2014	2015	2016	2017	2018	2019	2020	2021	2022
■ 电力投资	7393	7728	7805	8576	8840	8239	8161	9072	10 188.7	10 786	12 220
■ 电源投资	3732	3872	3686	3936	3408	2900	2787	4060	5292	5870	7208
─▲─ 电源投资占比	50.5%	50.1%	47.2%	45.9%	38.6%	35.2%	34.2%	44.8%	51.9%	54.4%	59.0%

图 1-7 2012—2022 年我国电力与电源投资情况

分电源类型来看，除水电、风电投资额回落外，其他类型电源投资额均有不同幅度增长，太阳能发电投资增长迅猛。随着能源保供政策的逐步落地，2022 年火电全年完成投资 909 亿元，比上年上升 28.4%；水电投资大幅下滑，全年完成投资863亿元，比上年减少26.5%；核电共完成投资677亿元，比上年增长25.7%；受原材料涨价、新冠疫情冲击、行业竞争等因素影响，2022年风电全年完成投资1960亿元，比上年下降24.3%；全年太阳能发电完成投资约2799亿元，比上年增长225%。2021—2022年各类电源投资情况如图1-8所示。

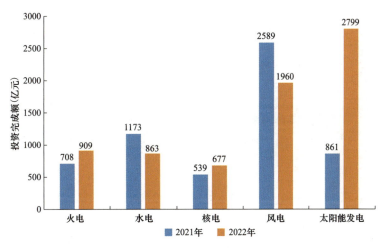

图1-8 2021—2022年各类电源投资情况

1.4 发 电 用 能

发电用能增速有所降低，占一次能源消费总量的比重与上年基本持平。受全社会用电量增速放缓影响，2022年我国发电用能约为24.7亿t标准煤❶，比上年增长3.3%，增速比上年降低6.0个百分点。发电用能占一次能源消费总量的比重为45.7%，与上年基本持平。2011—2022年我国发电用能情况如图1-9所示。

新能源发电量大增推动一次电力❷消费持续增长，占一次能源消费总量的比重稳步提升。按发电煤耗法测算，2022年，一次电力消费达到8.4亿t标准

---

❶ 采用发电煤耗法，根据2022年发电量×2022年火力发电标准煤耗计算得到。

❷ 指将核电、水电、风电、太阳能发电所发出的电力计入至一次能源。

煤，约占一次能源消费总量的 15.5%，比上年提高 0.7 个百分点。2011－2022 年我国一次电力占能源消费总量比重变化如图 1-10 所示。

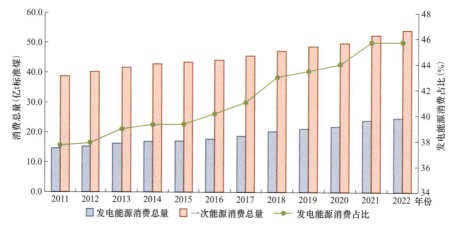

图 1-9　2011－2022 年我国发电用能情况

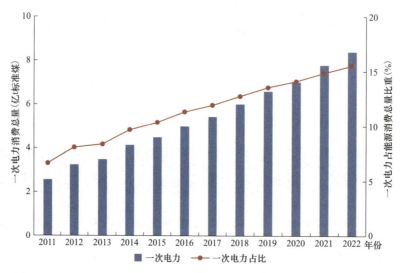

图 1-10　2011－2022 年我国一次电力占能源消费总量比重变化

1.5　发　电　企　业

（一）大型发电企业

五大发电集团经营状况均有好转，营业收入实现较快增长。受燃煤机组上网电价上调、新能源发电量增加等因素影响，2022 年五大发电集团全年营业收入合计约 21 621 亿元，比上年增长 13.2%。其中，国家能源集团全年营业收入约 8179 亿元，比上年增长约 18.4%，继续稳居榜首；其后依次是华能集团、国家电投集团、华电集团、大唐集团。2021—2022 年发电央企收入情况如图 1-11 所示。

图 1-11　2021—2022 年发电央企收入情况

五大发电集团资产负债率有所降低。2022 年，五大发电集团平均资产负债率达到 68.2%，比上年降低 2.0 个百分点。其中，国家能源集团依然是五大发电集团中唯一一家资产负债率维持在 60% 以下的企业。华能集团、大唐集团、华电集团、国家电投集团、国家能源集团资产负债率分别降低 1.8、3.8、0.1、3.9、0.5 个百分点。2021—2022 年五大发电集团资产负债率情况如图 1-12 所示。

五大发电集团主要上市公司市值呈现涨跌不一的特点。以 2022 年 12 月 31 日收盘价计算，五大发电集团主要上市公司华能国际、大唐发电、华电国际、中国电力、国电电力的市值规模分别为 1194.6 亿、516.3 亿、580.3 亿、408.2 亿、761.6 亿元。其中，华能国际、大唐发电、中国电力分别较上年下降 21.5%、13.9%、28.2%，华电国际、国电电力分别较上年上

17

升 9.9％、34.7％。2021—2022 年五大发电集团主要上市公司市值对比如图 1-13 所示。

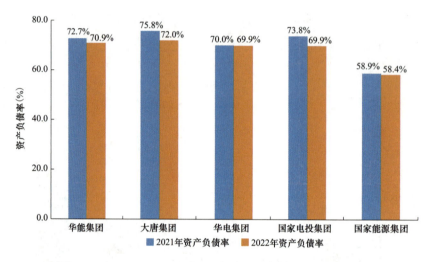

图 1-12　2021—2022 年五大发电集团资产负债率情况

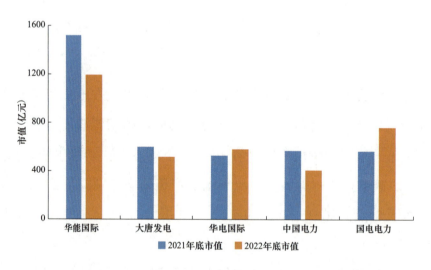

图 1-13　2021—2022 年五大发电集团主要上市公司市值对比

五大发电集团主要上市公司净利润普遍好转。 2022 年五大发电集团的上市公司中，大唐发电亏损收窄幅度最大，净利润比上年增加 87 亿元，国电电力、华能国际、中国电力、华电国际净利润分别较上年增加 46 亿、26 亿、

20 亿元和 6 亿元❶。华电国际、中国电力、国电电力 3 家实现扭亏，净利润分别为 1 亿、27 亿元和 27 亿元。华能国际、大唐发电仍亏损，净利润分别亏损 74 亿元和 4 亿元。2021—2022 年五大发电集团主要上市公司净利润对比如图 1-14 所示。

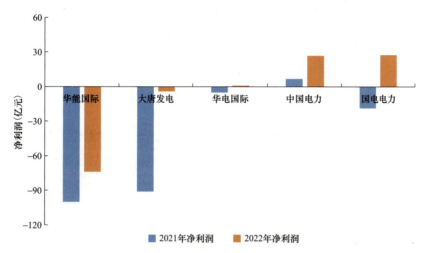

图 1-14 2021—2022 年五大发电集团主要上市公司净利润对比

大型地方发电企业营业收入增速高于五大发电集团，但资产负债率有所增加。对 9 家大型地方发电企业❷进行调查，2022 年 9 家大型地方发电企业全年营业收入合计 6517 亿元，比上年上升 14.7%。9 家大型地方发电企业平均资产负债率为 60.2%，比上年增加 1.3 个百分点，比五大发电集团低 8 个百分点。2021—2022 年 9 家大型地方发电企业收入情况如图 1-15 所示，资产负债率情况如图 1-16 所示。

（二）上市公司❸

2022 年我国证券市场整体呈现下跌态势，沪深 300 指数全年下跌 21.6%。受电力需求增速放缓影响，电力行业整体景气度降低，电力及公用事业指数全

---

❶ 数据来源：五大发电集团财务报表。

❷ 9 家大型地方发电企业分别是广东能源集团、浙能集团、北京能源、河北建投、四川能投、广州发展、安徽皖能、江苏国信、申能股份。

❸ 相关数据来自 wind。

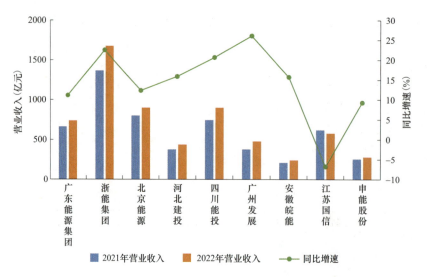

图 1-15 2021—2022 年 9 家大型地方发电企业收入情况

图 1-16 2021—2022 年 9 家大型地方发电企业资产负债率情况

年下降 13.5%，其中，火电板块全年下降 9.8%，水电板块全年下降 3.7%。2022 年电力板块及大盘走势情况如图 1-17 所示。

2022 年，火电、水电和电网板块主营业务收入为 14 435.2 亿元，比上年增加 15.4 个百分点，盈利 393.3 亿元，比上年增加 717.7%。其中，火电板块受电价上涨影响，盈利 5.8 亿元，实现了扭亏；水电板块受来水偏枯影响，盈利 357.3 亿元，比上年下降 4.2%；电网板块盈利 30.2 亿元，比上年增长

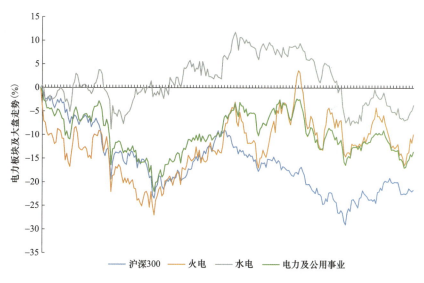

图 1-17　2022 年电力板块及大盘走势情况

51.0％。2021—2022 年电力板块主营收入及净利润情况如表 1-2 所示。

表 1-2　　　　　　　2021—2022 年电力板块主营收入及净利润情况

板块名称	2022 年主营收入（亿元）	2021 年主营收入（亿元）	2022 年净利润（亿元）	2021 年净利润（亿元）
火电	12 973.0	11 140.5	5.8	−345.0
水电	931.5	927.7	357.3	373.1
电网	530.7	436.7	30.2	20.0

　　根据对新能源发电类港股上市公司的调查，2022 年 9 家新能源上市公司主营业务收入合计 968.9 亿元，比上年增长 7.2％，净利润合计 135.7 亿元，比上年增长 0.8％。2022 年在原材料涨价、新冠疫情冲击等因素影响下，百能国际能源、中国再生能源投资、协鑫新能源的营业收入出现下滑，中国再生能源投资、协鑫新能源、信义能源、龙源电力的净利润有所下降。2021—2022 年新能源发电类港股上市公司主营收入、净利润、净资产收益率情况如表 1-3 所示。

表 1 - 3　　　　　　2021－2022 年新能源发电类港股上市公司

主营收入、净利润、净资产收益率情况

公司名称	主营收入（亿元）		净利润（亿元）		净资产收益率（%）	
	2022 年	2021 年	2022 年	2021 年	2022 年	2021 年
新天绿色能源	185.6	159.9	22.9	21.6	11.4	13.2
百能国际能源	0.6	1.1	1.0	− 0.4	− 173.6	—
中国再生能源投资	2.0	2.5	0.3	1.1	1.6	5.7
协鑫新能源	9.3	28.4	− 14.9	− 7.9	− 39.4	− 16.8
信义能源	23.2	23.0	9.7	12.3	8.0	10.0
中广核新能源	24.3	16.9	2.0	1.8	14.6	14.6
大唐新能源	125.0	116.3	34.9	18.3	12.1	7.1
京能清洁能源	200.3	183.6	28.5	23.7	10.4	9.3
龙源电力	398.6	372.0	51.3	64.1	7.8	10.6
港股合计	968.9	903.7	135.7	134.6	—	—

（本章撰写人：龚一莼、夏鹏、赵秋莉、王炳强　审核人：张富强）

2

2022 年分类型
电源发展情况

✏ 章节要点

2022 年，全年煤炭消费增速下降，煤炭产量再创历史新高，煤电装机容量增速和机组利用小时数有所下降。我国经济受到新冠疫情多点散发、俄乌冲突等多重因素的冲击，经济增速进一步放缓影响了煤炭需求，同时，新能源快速发展进一步制约煤炭消费，全年煤炭消费增速下降，在国内煤炭长协保供政策以及产能释放推动下，煤炭产量再创历史新高。截至 2022 年底，我国煤电装机容量达 11.2 亿 kW，比上年增长 1.3%，增速比上年下降 1.5 个百分点。2022 年，受电力消费增速放缓影响，我国煤电机组利用小时数为 4516h，比上年下降 28h。

2022 年，天然气需求近年来首次下降，国内天然气产量较快增长，进口气规模受其价格大幅上涨影响而有所降低，气电装机容量增速自 2020 年以来持续下降，机组利用小时数下降明显。2022 年，我国天然气消费近年来首次出现负增长，全年天然气消费量约 3663 亿 m^3，比上年下降 1.7%；天然气产量较快增长，突破 2200 亿 m^3，比上年增长 6.0%，年增产量连续 6 年超 100 亿 m^3。进口管道气和液化天然气（LNG）价格上涨超过 40%，叠加天然气消费疲软，导致天然气进口量降至 1521 亿 m^3，降幅达到 10.1%。截至 2022 年底，我国气电装机容量达 1.1 亿 kW，比上年增长 5.4%，增速为"十三五"以来最低。2022 年，我国气电机组利用小时数为 2346h，比上年下降 289h。

2022 年，全国平均降水量较常年偏少，北方降水"东多西少"，南方大部偏少，水电装机容量增速连续 3 年回升，机组利用小时数有所降低。2022 年全国平均年降水量 606.1mm，较常年偏少 5.0%，全国有 11 个省（区、市）降水量较常年偏多，其中，辽宁偏多 39%，为 1961 年以来第三多，吉林偏多 35%，为历史最多，20 个省（区、市）降水量偏少，其中，上海偏少 21%、安徽和宁夏偏少 20%。截至 2022 年底，水电装机容量达到 4.1 亿 kW，比上年增长 5.8%，增速比上年提高约 0.2 个百分点。受极端高温天气影响，多个流域来水偏枯，2022年水电机组利用小时数为3412h，比上年降低194h。

2022年，我国天然铀产量稳步增长，铀矿对外依存度居高不下，核电装机容量增速有所降低，机组利用小时数"十三五"以来首次降低。2022年，我国天然铀产量为1700t，相比上年增长6.3%，天然铀需求达到9800t，约82%的铀资源需要进口。截至2022年底，我国核电装机容量达5553万kW，比上年增长4.3%，增速比上年降低2.5个百分点。受用电量增速放缓影响，2022年我国核电机组利用小时数为7616h，比上年降低186h。

2022年，全国陆地70m高度风速比上年偏小，风电装机容量达3.7亿kW，保持较快增长势头，机组利用小时数略有下降。2022年，全国陆地70m高度平均风速均值约为5.4m/s，比上年偏小。截至2022年底，风电装机容量达3.7亿kW，比上年增加11.2%。2022年风电机组利用小时数为2221h，比上年减少9h。

2022年，全国陆地表面年平均水平面总辐照量较常年偏大，太阳能发电装机规模大幅增长，新增规模接近新增电源总规模的一半，机组利用小时数比上年有所提高。2022年，全国陆地表面年平均水平面总辐照量约为1563.4kW·h/m²，较近10年平均值偏大54.0kW·h/m²，较2021年偏大70.0kW·h/m²。2022年太阳能发电新增装机容量8606万kW，比上年增长62.4%，占新增电源总规模的比重达到46.2%。截至2022年底，太阳能发电装机容量达3.9亿kW，比上年增长28.1%。2022年，我国太阳能发电机组利用小时数为1337h，比上年提高56h。

2022年，我国秸秆利用量保持平稳上升，生活垃圾清运量有所下降，生物质发电装机容量保持稳步增长，但增速较上年下滑明显，机组利用小时数有所提高。2022年，我国秸秆综合利用量在6.62亿t左右，较上年提升2.3%。截至2022年底，我国生物质发电装机容量约为4132万kW，比上年增长8.5%。2022年，我国城市生活垃圾清运量达24 444万t，比上年降低1.7%。2022年，我国生物质发电机组利用小时数为4449h，比上年提高93h。

2.1 煤 电

2.1.1 发电能源

（一）煤炭消费

在经济增速放缓、替代能源快速发展影响下全年煤炭消费增速下降。2022年，我国经济受到新冠疫情多点散发、俄乌冲突等多重因素的冲击，经济增速进一步放缓影响了煤炭需求，同时，新能源快速发展进一步制约煤炭消费，全国煤炭消费量比上年增长 4.3%[4]，达到 44.5 亿 t❶，增速比上年降低 1.3 个百分点。2011—2022 年我国煤炭消费情况如图 2-1 所示。

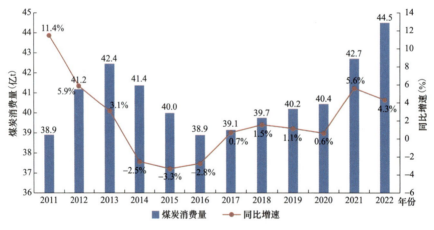

图 2-1 2011—2022 年我国煤炭消费情况

年内煤炭消费变化呈现季度不均衡特征，二季度同比下降，三、四季度同比提高。二季度，商品煤逐月消费量低于上年同期水平，4—6 月累计煤炭消费量同比降低 2.9%；三、四季度由于水电出力削减，煤电发电量增速加快，电煤需求增加拉动煤炭消费较快增长，煤炭消费量同比提高 3.3%。2021—2022

---

❶ 根据 2021 年煤炭消费量和 2022 年煤炭消费量增速计算得到。

年全国商品煤逐月消费量变化情况如图 2-2 所示。

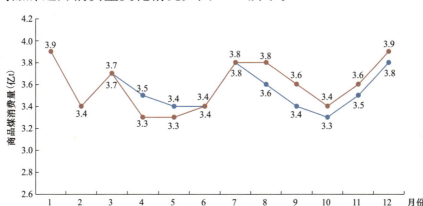

图 2-2　2021－2022 年全国商品煤逐月消费量变化情况

受用电量增速放缓、新能源发电挤压影响，发电用煤增速降低。在用电量增速放缓、新能源发电量大幅增加等因素影响下，2022 年，我国发电用煤消费量约 14.4 亿 t 标准煤❶，比上年增长 0.5%，增速比上年降低 7.5 个百分点。发电用煤消费占比达到 47.3%，比上年下降 1.5 个百分点。2011－2022 年我国发电用煤消费情况如图 2-3 所示。

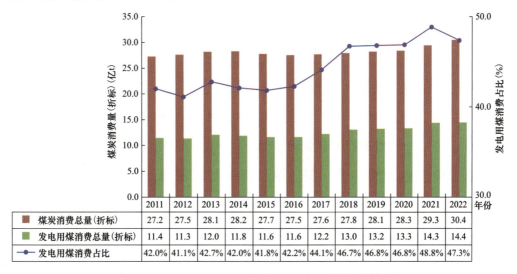

	2011	2012	2013	2014	2015	2016	2017	2018	2019	2020	2021	2022
煤炭消费总量(折标)	27.2	27.5	28.1	28.2	27.7	27.5	27.6	27.8	28.1	28.3	29.3	30.4
发电用煤消费总量(折标)	11.4	11.3	12.0	11.8	11.6	11.6	12.2	13.0	13.2	13.3	14.3	14.4
发电用煤消费占比	42.0%	41.1%	42.7%	42.0%	41.8%	42.2%	44.1%	46.7%	46.8%	46.8%	48.8%	47.3%

图 2-3　2011－2022 年我国发电用煤消费情况

❶　根据 2022 年煤电发电量×2022 年火力发电标准煤耗计算得到。

（二）煤炭供应

全年原煤产量再创历史新高。2022 年 3 月，国家发展改革委印发《关于成立工作专班推动煤炭增产增供有关工作的通知》，要求主要产煤省区和中央企业全力挖潜扩能增供，年内再释放产能 3 亿 t 以上。随着产能持续释放，2022 年全国原煤产量在 45.0 亿 t 左右，比上年增长 9.0%，增速比上年提高 3.3 个百分点。2011—2022 年我国煤炭产量及增速情况如图 2-4 所示。

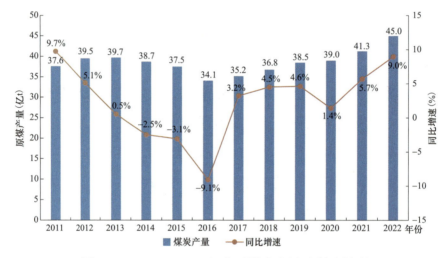

图 2-4　2011—2022 年我国煤炭产量及增速情况

煤炭产量各季度均比上年有所增长。在煤炭长协保供政策以及产能释放影响下，一、二、三、四季度，季度产量分别比上年增长 11.7%、13.4%、14.3%、3.5%。2022 年我国煤炭产量季度变化情况如图 2-5 所示。

我国煤炭产能继续向晋、蒙、陕、新等资源富集地区集中。2022 年，山西、内蒙古、陕西、新疆规模以上煤炭企业原煤产量位居全国前四位，分别为 13.1 亿 t、11.7 亿 t、7.5 亿 t 和 4.1 亿 t，分别比上年增长 9.6%、13.0%、6.6% 和 29.0%，四省（区）原煤产量占全国规模以上煤炭企业原煤产量的 80.9%，比上年提高 1.1 个百分点。2022 年我国规模以上煤炭企业原煤产量分布情况如图 2-6 所示。

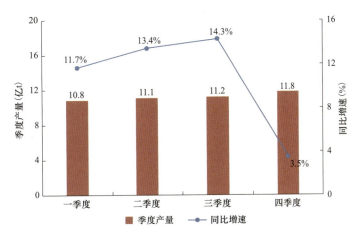

图 2-5 2022 年我国煤炭产量季度变化情况

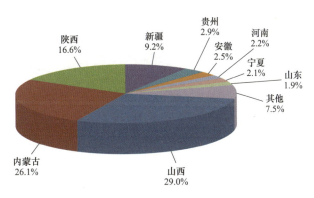

图 2-6 2022 年我国规模以上煤炭企业原煤产量分布情况

受国际煤价高位运行、国内供应放量增长影响，煤炭净进口量自 2019 年以来首次出现下降。2022 年，受国际煤价高位运行、国内供应放量增长影响，我国煤炭进口量达到 29 320 万 t，进口量为 2019 年以来最低，比上年降低 9.3%；煤炭出口量为 400 万 t，比上年增长 53.8%。全年煤炭净进口量为 28 920 万 t，比上年降低约 9.8%。2011—2022 年我国煤炭进出口变化情况如图 2-7 所示。

各季度煤炭进口量比上年有所下降。全球煤炭供需紧张带动进口煤价上涨，一、二、三、四季度我国煤炭进口量分别比上年下降 24.3%、11.4%、

29

5.6%、0.6%。2021—2022年我国逐月煤炭进口量变化情况如图2-8所示。

年份	2011	2012	2013	2014	2015	2016	2017	2018	2019	2020	2021	2022
进口	22 220	28 841	32 702	29 120	20 406	25 543	27 090	28 123	29 967	30 399	32 322	29 320
出口	1466	928	751	574	533	879	817	493	603	319	260	400
净进口	20 754	27 913	31 951	28 546	19 873	24 664	26 273	27 630	29 364	30 080	32 062	28 920

图2-7　2011—2022年我国煤炭进出口变化情况

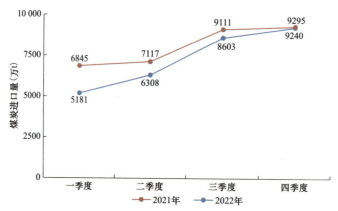

图2-8　2021—2022年我国逐季累计煤炭进口量变化情况

（三）煤炭价格

煤炭现货市场价格高位波动。受国际煤价大涨影响，3—9月国内煤炭价格高位运行，山西大同6000大卡、秦皇岛港5500大卡、宁波港5500大卡动力煤价格最高分别达到1130、1333、1720元/t。10月以后，随着我国煤炭进口量恢复、煤炭供需形势持续改善，煤炭价格有所回落。我国主要地区煤炭价格变化情况如图2-9所示。

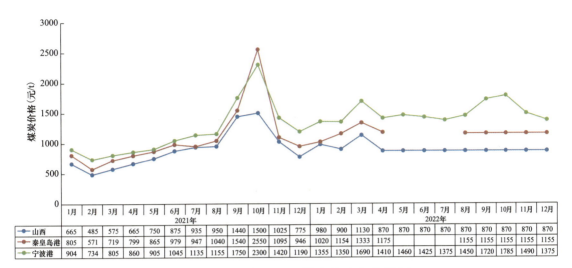

	1月	2月	3月	4月	5月	6月	7月	8月	9月	10月	11月	12月	1月	2月	3月	4月	5月	6月	7月	8月	9月	10月	11月	12月
					2021年													2022年						
山西	665	485	575	665	750	875	935	950	1440	1500	1025	775	980	900	1130	870	870	870	870	870	870	870	870	870
秦皇岛港	805	571	719	799	865	979	947	1040	1540	2550	1095	946	1020	1154	1333	1175				1155	1155	1155	1155	1155
宁波港	904	734	805	860	905	1045	1135	1155	1750	2300	1420	1190	1355	1350	1690	1410	1460	1425	1375	1450	1720	1785	1490	1375

图 2-9　我国主要地区煤炭价格变化情况

2.1.2　发电生产

煤电投资意愿减弱导致煤电装机容量增速持续下滑。随着煤电投资意愿减弱，2020 年以来，我国煤电装机增速持续下滑，2022 年新增煤电装机容量 1465 万 kW，比上年减少 1585 万 kW。截至 2022 年底，我国煤电装机容量达 11.2 亿 kW，比上年增长 1.3%，增速比上年下降 1.5 个百分点。2020—2022 年煤电平均增速 2.1%，比"十三五"平均增速降低 1.6 个百分点。2011—2022 年我国煤电发展规模及变化趋势如图 2-10 所示。

在用电量增速放缓、新能源发电挤压影响下，煤电机组利用小时数下降。2022 年，我国煤电发电量 50 770 亿 kW·h，较上年增加 344 亿 kW·h，占全国总发电量的 58.4%。2022 年，受用电量增速放缓、新能源发电挤压影响，煤电机组利用小时数为 4516h❶，比上年降低 28h，比"十三五"期间 5 年平均值增长 170h。

---

❶　根据发电量除以装机容量得到。

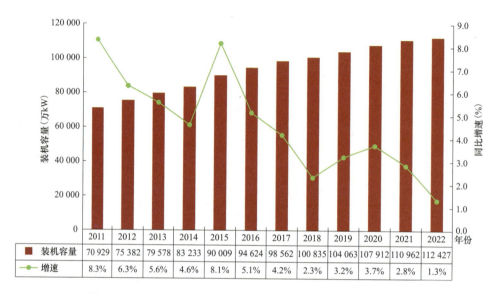

图 2 - 10　2011—2022 年我国煤电发展规模及变化趋势

2.1.3　发电技术

国内首个百万千瓦煤电机组节能改造示范项目投产。2022 年 4 月 26 日，全国首个百万千瓦煤电机组节能减排升级与改造示范项目——福建罗源湾项目 2 号机组，一次通过 168h 满负荷试运行，正式投入商业运营。福建罗源湾项目 2 台机组年发电量可达 80 亿 kW·h，集国际、国内 20 余项先进技术于一体，是国内清洁绿色、高效低碳、灵活安全、智能智慧煤电机组的典型代表。

全国首个煤电二氧化碳捕集与矿化利用全流程耦合示范项目正式开工。2023 年 3 月，浙能兰溪二氧化碳捕集与矿化利用集成示范项目正式开工，项目设计规模为每年可捕集二氧化碳 1.5 万 t，一方面用于矿化养护制加气砌块，另一方面用于二氧化碳资源化利用，捕集过程中吸收剂再生能耗低于 2.4GJ/t，达到国际先进水平。

2.2 气   电

2.2.1 发电能源

（一）天然气消费

在国内经济增长放缓、国际天然气价格高企影响下，天然气消费近年来首次出现负增长。2022年，受国内经济增长放缓、国际天然气价格高企等多重因素叠加影响，全年天然气消费量约为3663亿m^3，比上年下降1.7%[5]，首次出现负增长。2011—2022年我国天然气消费量变化情况如图2-11所示。

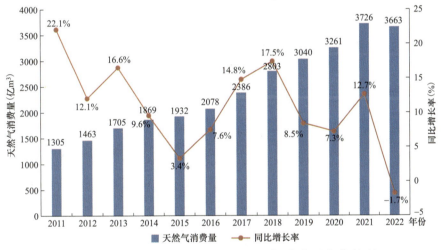

图2-11 2011—2022年我国天然气消费量变化情况

分季度看，全年消费持续疲弱。一季度和三季度天然气表观消费量正增长，二季度和四季度表观消费量负增长，最大增幅仅为2.1%，但跌幅最高达7.1%。2022年我国天然气消费季度变化情况如图2-12所示。

高气价导致发电用气量下降。受天然气价格上涨影响，2022年发电用气量有所下降，全年发电用气量约648亿m^3，比上年降低1.7%。发电用气占天然气消费总量比重约为17.7%，比上年降低0.4个百分点。2011—2022年我国发电用气量如图 2-13 所示。

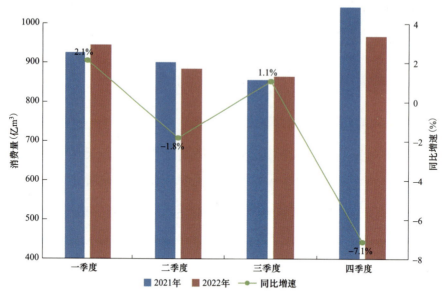

图 2-12　2022 年我国天然气消费季度变化情况

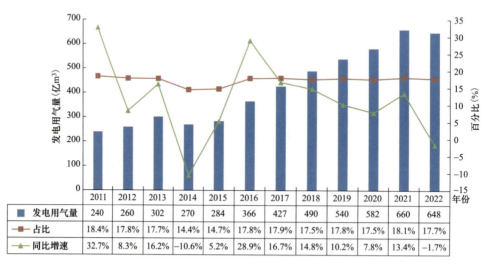

年份	2011	2012	2013	2014	2015	2016	2017	2018	2019	2020	2021	2022
发电用气量	240	260	302	270	284	366	427	490	540	582	660	648
占比	18.4%	17.8%	17.7%	14.4%	14.7%	17.8%	17.9%	17.5%	17.8%	17.5%	18.1%	17.7%
同比增速	32.7%	8.3%	16.2%	-10.6%	5.2%	28.9%	16.7%	14.8%	10.2%	7.8%	13.4%	-1.7%

图 2-13　2011—2022 年我国发电用气量

（二）天然气供应

天然气产量较快增长，年增产量连续 6 年超 100 亿 m^3。2022 年，我国持续加大新气田勘探开发力度，增储上产"七年行动计划"持续推进，国内天然气产量较快增长，突破 2200 亿 m³，比上年增长 6.0%，年增产量连续 6 年超 100 亿 m³。2011－2022 年我国天然气生产变化情况如图 2-14 所示。

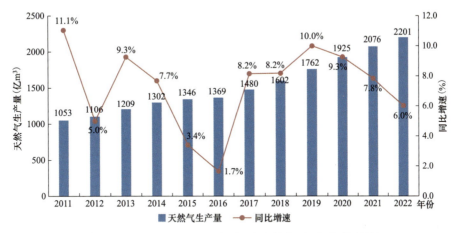

图 2-14 2011－2022 年我国天然气生产变化情况

天然气进口量大幅下降，对外依存度降至近五年来最低点。受进口气价格高企和国内天然气消费降低影响，2022 年我国天然气进口量 1521 亿 m³，比上年降低 10.1%。天然气对外依存度 41.3%，较上年下跌 4.8 个百分点，对外依存度大幅回落。2011－2022 年我国天然气进口量变化情况如图 2-15 所示。

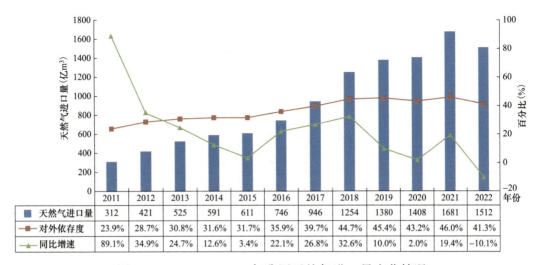

	2011	2012	2013	2014	2015	2016	2017	2018	2019	2020	2021	2022
天然气进口量	312	421	525	591	611	746	946	1254	1380	1408	1681	1512
对外依存度	23.9%	28.7%	30.8%	31.6%	31.7%	35.9%	39.7%	44.7%	45.4%	43.2%	46.0%	41.3%
同比增速	89.1%	34.9%	24.7%	12.6%	3.4%	22.1%	26.8%	32.6%	10.0%	2.0%	19.4%	−10.1%

图 2-15 2011－2022 年我国天然气进口量变化情况

（三）天然气价格

进口管道气价格和 LNG 价格双双上涨，带动国内 LNG 价格快速上涨。
2022 年，进口管道气到岸均价约为 1.86 元/m³，比上年上涨约 41.3%；进口
LNG 到岸均价约为 3.77 元/m³，比上年上涨 46.3%。受进口 LNG 价格上涨影
响，全国 LNG 均价比上年大幅上涨，2022 年华南地区 LNG 接收站挂牌均价为
7335 元/t，较上年上调 49.68%。

2.2.2 发电生产

气电装机容量增速自 2020 年以来持续下降，为"十三五"以来最低。2022
年，我国新增气电装机容量 591 万 kW，比上年减少 331 万 kW。截至 2022 年
底，气电装机容量达 1.1 亿 kW，比上年增长 5.4%，增速为"十三五"以来最
低。2020—2022 年气电装机容量平均增速 7.3%，比"十三五"平均增速降
低 1.3 个百分点。2011—2022 年我国气电发展规模及变化趋势如图 2-16
所示。

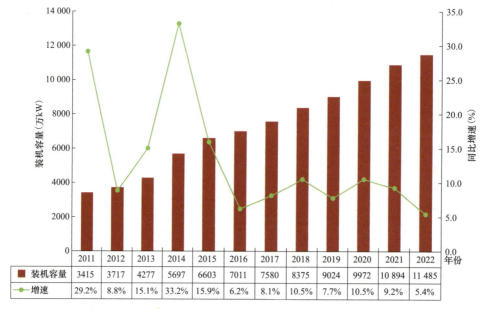

	2011	2012	2013	2014	2015	2016	2017	2018	2019	2020	2021	2022
装机容量	3415	3717	4277	5697	6603	7011	7580	8375	9024	9972	10 894	11 485
增速	29.2%	8.8%	15.1%	33.2%	15.9%	6.2%	8.1%	10.5%	7.7%	10.5%	9.2%	5.4%

图 2-16   2011—2022 年我国气电发展规模及变化趋势

气电机组利用小时数下降明显，为"十三五"以来最低。2022年，我国气电发电量为2694亿kW·h，比上年降低176亿kW·h，降低约6.1%。2022年，气电机组利用小时数为2346h，比上年下降289h，比"十三五"期间五年平均值降低264h。

2.2.3　发电技术

我国首台国产F级50MW重型燃气轮机正式投入商业运行。2023年3月，我国首台国产F级50MW重型燃气轮机通过72＋24h试运行，正式投入商业运行。东方电气全面攻克了燃气轮机自主研制、试验全过程技术，填补了我国自主燃气轮机应用领域空白，实现"0"到"1"的突破。

我国在运燃机实现30%掺氢燃烧改造和运行。2022年9月，国家电投荆门绿动能源有限公司在运燃机成功实现30%掺氢燃烧改造和运行，这是全球首个在天然气联合循环、热电联供商业机组中进行高比例掺氢燃烧的示范项目，是继2021年12月成功实现15%掺氢运行后的又一重大技术突破。

2.3　水　　电

2.3.1　发电能源

从降水情况来看，全国平均降水量较常年偏少，北方降水"东多西少"，南方大部偏少。2022年全国平均年降水量606.1mm，较常年偏少5.0%，为2012年以来最少。分省（区、市）看，全国有11个省（区、市）降水量较常年偏多，其中，辽宁偏多39%，为1961年以来第三多，吉林偏多35%，为历史最多；20个省（区、市）降水量偏少，其中，上海偏少21%，安徽和宁夏偏少20%[6]。

2.3.2 发电生产

水电装机容量增速连续三年回升。2022 年，全年新增水电装机容量 2256 万 kW，比上年增加 190 万 kW，占新增电源总装机容量的 12.1%。截至 2022 年底，水电装机容量达到 4.1 亿 kW，比上年增长 5.8%，增速实现自 2019 年以来连续三年回升。2020－2022 年水电平均增速 5.7%，比"十三五"平均增速提高 2.7 个百分点。2011－2022 年我国水电发展规模及变化趋势如图 2－17 所示。

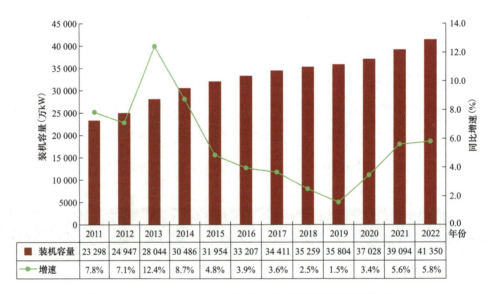

	2011	2012	2013	2014	2015	2016	2017	2018	2019	2020	2021	2022
装机容量	23 298	24 947	28 044	30 486	31 954	33 207	34 411	35 259	35 804	37 028	39 094	41 350
增速	7.8%	7.1%	12.4%	8.7%	4.8%	3.9%	3.6%	2.5%	1.5%	3.4%	5.6%	5.8%

图 2－17 2011－2022 年我国水电发展规模及变化趋势

常规水电装机容量增速有所下降。2022 年，全年新增常规水电装机容量 1316 万 kW，比上年减少 260 万 kW。截至 2022 年底，常规水电装机容量达到 3.7 亿 kW，比上年增长 3.7%，增速比上年降低 1 个百分点。2011－2022 年我国常规水电发展规模及变化趋势如图 2－18 所示。

政策推动下，抽水蓄能电站建设加快，装机容量大幅增长。2022 年，随着吉林敦化、黑龙江荒沟、山东沂蒙、安徽金寨等抽水蓄能电站全面投产，全年新增抽水蓄能装机容量 940 万 kW，比上年增加 450 万 kW。截至 2022 年底，抽水蓄能装机容量达到 4579 万 kW，比上年增长 25.8%，增速比上年提高 10.2 个百分点、比"十三五"平均增速提高 19.2 个百分点。2011—2022 年抽水蓄能发展规模及变化趋势如图 2-19 所示。

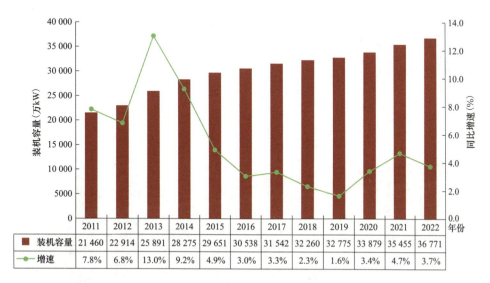

年份	2011	2012	2013	2014	2015	2016	2017	2018	2019	2020	2021	2022
装机容量	21 460	22 914	25 891	28 275	29 651	30 538	31 542	32 260	32 775	33 879	35 455	36 771
增速	7.8%	6.8%	13.0%	9.2%	4.9%	3.0%	3.3%	2.3%	1.6%	3.4%	4.7%	3.7%

图 2-18　2011—2022 年我国常规水电发展规模及变化趋势

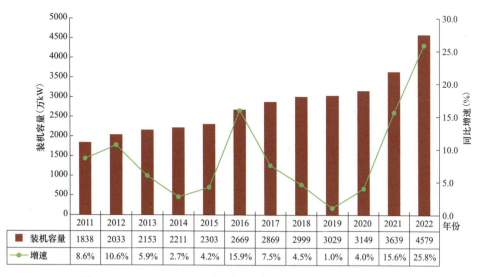

年份	2011	2012	2013	2014	2015	2016	2017	2018	2019	2020	2021	2022
装机容量	1838	2033	2153	2211	2303	2669	2869	2999	3029	3149	3639	4579
增速	8.6%	10.6%	5.9%	2.7%	4.2%	15.9%	7.5%	4.5%	1.0%	4.0%	15.6%	25.8%

图 2-19　2011—2022 年抽水蓄能发展规模及变化趋势

分区域来看，西南地区是我国新增水电装机规模最多的地区，新增规模为

862万kW，约占全国新增水电装机容量的38.2%，比上年降低20.8个百分点；南方、华东和东北地区新增水电装机容量位居其后，分别占全国新增水电装机容量的22.4%、16.5%和12.2%。截至2022年底，南方地区和西南地区水电装机总规模最大，分别为14 266万kW和10 831万kW，分别占全国水电装机容量的34.5%和26.2%。2021—2022年全国各地区水电装机分布情况如图2-20所示。

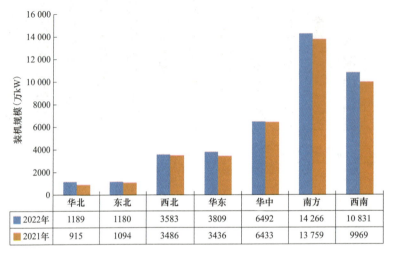

	华北	东北	西北	华东	华中	南方	西南
2022年	1189	1180	3583	3809	6492	14 266	10 831
2021年	915	1094	3486	3436	6433	13 759	9969

图2-20　2021—2022年全国各地区水电装机分布情况

分省（区、市）来看，四川、云南仍是全国水电装机容量最大的两个省，分别为9749万kW和8112万kW。湖北和贵州水电装机容量分别为3780万kW和2282万kW，广东、广西、湖南、福建、浙江、青海紧随其后，水电装机规模均超1200万kW。2022年底全国各省（区、市）水电装机分布情况如图2-21所示。

来水偏枯导致全国水电机组平均利用小时数有所下降。受极端高温天气影响，多个流域来水偏枯，水电机组利用小时数为3412h，比上年降低194h。分省（区、市）来看，宁夏的水电机组利用小时数最高，达4358h。四川、云南、新疆均超过4000h，北京水电机组利用小时数在1000h以下。2022年各省（区、市）水电机组平均利用小时数如图2-22所示。

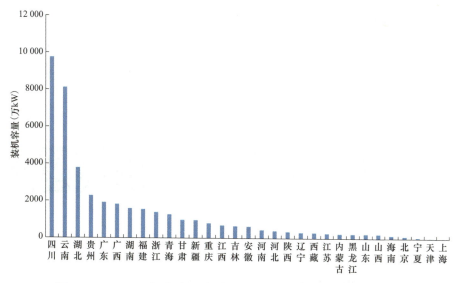

图 2-21　2022 年底全国各省（区、市）水电装机分布情况

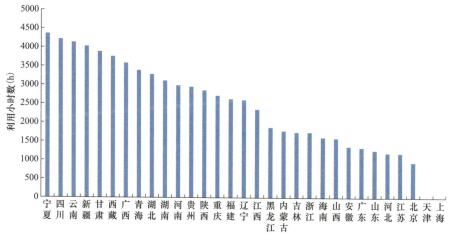

图 2-22　2022 年各省（区、市）水电机组平均利用小时数

2.3.3　发电技术

白鹤滩水电站实现全部机组投产发电。2022 年 12 月，白鹤滩水电站最后一台百万千瓦机组投产发电，标志着白鹤滩水电站 16 台机组已全部投产发电。白鹤滩水电站位于金沙江下游干流河段上，电站总装机容量 1600 万 kW，是当今世界技术难度最高、单机容量最大、装机规模第二大水电站。

全球首个梯级水光蓄互补电站并网运行。2022年5月，四川春厂坝抽水蓄能电站正式并网发电，作为全球首个梯级水光蓄互补电站，该电站实现了国内首台变速恒频抽水蓄能机组全功率运行，攻克了梯级水光蓄互补联合发电系统容量优化配置及接入的世界性难题。

2.4 核 电

2.4.1 发电能源

我国天然铀产量稳步增长，铀矿对外依存度居高不下，国际天然铀价格大幅震荡。2022年，我国天然铀产量为1700t，相比上年增长6.3%。在"双碳"目标下，我国反应堆铀需求处于不断增长趋势，对天然铀的需求量整体呈现增长趋势，据估计2022年我国对天然铀的需求达到9800t，约82%的铀资源需要进口。国际上，在俄乌冲突、新冠疫情、全球通胀等叠加影响下，天然铀现货价格年中飙升至64美元/磅，涨幅高达50%，回落后一直在45～55美元/磅之间波动。

2.4.2 发电生产

由于核电投产机组数较少，装机容量增速有所降低。2022年，福建福清核电站6号机组、辽宁红沿河核电站6号机组正式投运，全年新增核电装机容量合计为227万kW。截至2022年底，核电装机容量达5553万kW，比上年增长4.3%，增速比上年降低2.5个百分点。2020—2022年核电平均增速5.5%，比"十三五"平均增速降低7.4个百分点。2011—2022年我国核电发展规模及变化趋势如图2-23所示。

核电装机分布基本维持上年格局。核电装机分布于我国8个省（区、市），分别为广东、福建、浙江、江苏、辽宁、山东、广西、海南。分省（区、市）

来看，广东、福建、浙江的核电装机规模最大，分别为 1614 万、1101 万、913 万 kW，分别占总装机容量的 29.1%、19.8%、16.4%。2021—2022 年全国核电装机分布情况如图 2-24 所示。

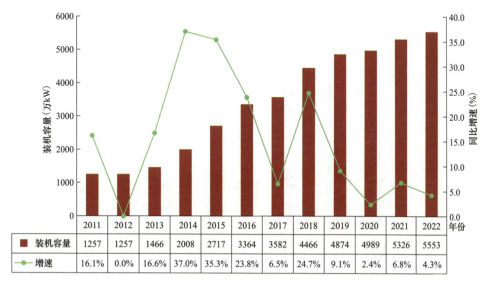

年份	2011	2012	2013	2014	2015	2016	2017	2018	2019	2020	2021	2022
装机容量	1257	1257	1466	2008	2717	3364	3582	4466	4874	4989	5326	5553
增速	16.1%	0.0%	16.6%	37.0%	35.3%	23.8%	6.5%	24.7%	9.1%	2.4%	6.8%	4.3%

图 2-23 2011—2022 年我国核电发展规模及变化趋势

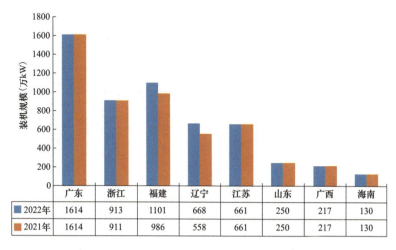

	广东	浙江	福建	辽宁	江苏	山东	广西	海南
2022年	1614	913	1101	668	661	250	217	130
2021年	1614	911	986	558	661	250	217	130

图 2-24 2021—2022 年全国核电装机分布情况

核电机组利用小时数有所下降，"十三五"以来首次降低。受用电量增速放缓影响，2022 年核电机组利用小时数为 7616h，比上年降低 186h，核电机组利用小时数"十三五"以来首次降低。从省（区、市）来看，浙江、山东、海南三省利用小时数均有所提升，分别增加 108、396、586h。山东、广西、海南、浙江四省利用小时数均在 8000h 以上，利用小时数最高的是山东，突破 8200h，达到 8263h。2022 年各省（区、市）核电机组平均利用小时数如图 2 - 25 所示。

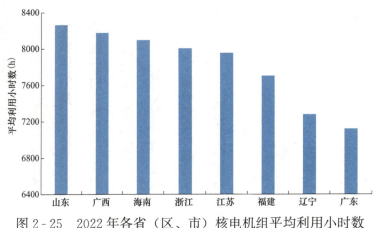

图 2 - 25　2022 年各省（区、市）核电机组平均利用小时数

2.4.3　发电技术

"华龙一号"示范工程全面建成。2022 年 3 月，"华龙一号"示范工程第二台机组福建福清核电站 6 号机组正式具备商运条件，标志着"华龙一号"示范工程全面建成投运。"华龙一号"核心部件由我国自主生产，安全性、经济性、可靠性、先进性等完全满足国际三代核电要求，标志着我国核电技术水平跻身世界前列。

全球首个第四代高温气冷堆核电项目——石岛湾核电站首次实现双堆初始满功率。作为第四代核电技术的先进代表堆型，高温气冷堆核电站具有固有安全性好、发电效率高、用途广泛、小容量模块化建造等特点。华能石岛湾高温气冷堆核电站示范工程项目，是全球首座具有第四代核电技术主要特征的球床模块式高温气冷堆核电站，2022 年 12 月，石岛湾核电站反应堆达到初始满功率，实现了"两堆带一机"模式下的稳定运行。

2.5　风　　电

2.5.1　发电能源

从来风情况看，全国风能资源为正常略偏小年景。2022年，全国陆地70m高度平均风速均值约为5.4m/s，比上年偏小。其中，东北大部华北北部、内蒙古大部、宁夏中南部、陕西北部、甘肃西部、新疆东部和北部的部分地区、青藏高原大部、云贵高原和广西等地的山区、东南沿海等地年平均风速超过6.0m/s。全国陆地70m高度层年平均风功率密度为193.1W/m²，比上年降低1.8%。其中，东北大部、华北大部、青藏高原大部、云贵高原、西南地区和华东地区的山地、东南沿海等地年平均风功率密度超过200W/m²[7]。

2.5.2　发电生产

风电装机容量保持较快增长势头。2022年，全年新增风电装机容量3673万kW，占新增电源总规模的比重接近1/5，达到19.7%。截至2022年底，风电装机容量达3.7亿kW，比上年增加11.2%，增速比上年下降5.5个百分点。2020—2022年风电平均增速13.9%，比"十三五"平均增速降低2.7个百分点。2011—2022年我国风电发展规模及变化趋势如图2-26所示。

风电新增装机进一步向"三北"等资源条件好的省区集中。分区域来看，2022年我国新增风电装机最多的地区为华北，达到1371万kW，占全国风电新增装机容量的37.3%。西北、东北地区新增风电装机容量超过600万kW，分别达到774万kW和672万kW，合计占全国风电新增装机容量的39.4%。截至2022年底，我国"三北"地区风电装机规模达到2.4亿kW，约占全国风电装机总量的 64.8%。2021—2022 年全国各地区风电装机分布如图 2-27 所示。

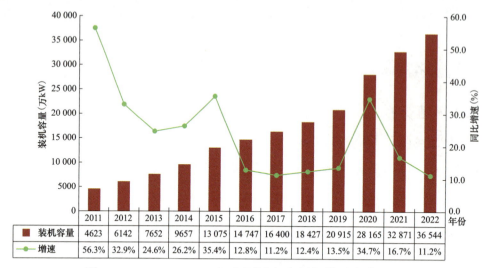

	2011	2012	2013	2014	2015	2016	2017	2018	2019	2020	2021	2022
装机容量	4623	6142	7652	9657	13 075	14 747	16 400	18 427	20 915	28 165	32 871	36 544
增速	56.3%	32.9%	24.6%	26.2%	35.4%	12.8%	11.2%	12.4%	13.5%	34.7%	16.7%	11.2%

图 2-26 2011—2022 年我国风电发展规模及变化趋势

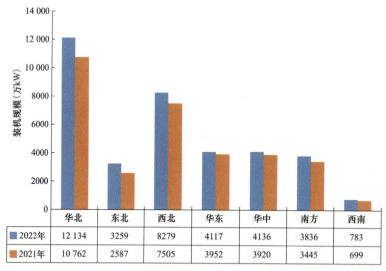

	华北	东北	西北	华东	华中	南方	西南
2022年	12 134	3259	8279	4117	4136	3836	783
2021年	10 762	2587	7505	3952	3920	3445	699

图 2-27 2021—2022 年全国各地区风电装机分布

从省（区、市）来看，内蒙古风电装机规模达 4548 万 kW，居全国首位。此外，河北、新疆、山西、山东、江苏、甘肃 6 个省（区）风电装机规模均超过 2000 万 kW，河南、宁夏、广东、辽宁、陕西、吉林 6 个省（区）风电装机规模均超过 1000 万 kW。上述 13 个省（区）的风电装机总规模达到 2.7 亿 kW，占全国风电总装机规模的 74.2%。2022 年底全国各省（区、市）风电装机分布情况如图 2-28 所示。

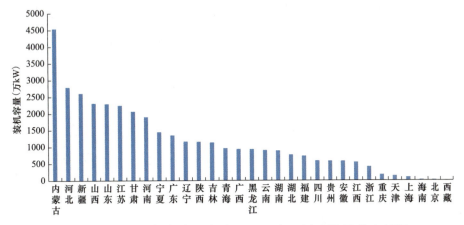

图 2-28　2022 年底全国各省（区、市）风电装机分布情况

风电机组利用小时数略有下降。2022 年全国风电机组利用小时数为 2221h，比上年减少 9h。从省（区、市）来看，福建利用小时数最高，达到 3132h。福建、西藏等 22 个省（区、市）利用小时数超过 2000h，超过 2000h 的省（区、市）比上年减少了 3 个；利用小时数最低的是青海，为 1614h，比上年增加 95h。2022 年各省（区、市）风电机组平均利用小时数如图 2-29 所示。

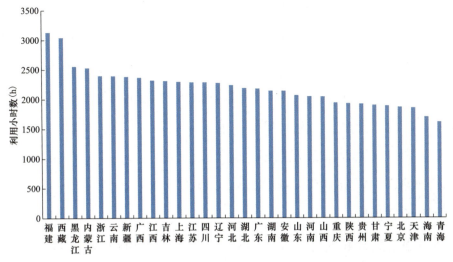

图 2-29　2022 年各省（区、市）风电机组平均利用小时数

2.5.3 发电技术

全球单机容量最大 16MW 海上风电机组下线。2022 年 11 月，由金风科技和三峡集团合作研发的单机容量 16MW 海上风电机组在福建三峡海上风电国际产业园成功下线，该机组是全球单机容量最大的风电机组，标志着我国海上风电迈入国际领先行列。

我国单机容量最大的高原山地风机正式投产。2022 年 12 月，巨龙梁风电项目（一期）工程首台风机带电调试运行，该风机叶片长度 93m，叶轮直径 191m，是目前国内单机容量最大、塔筒高度最高、叶轮直径最长的高原山地风机。

2.6 太阳能发电

2.6.1 发电能源

从太阳能光照情况来看，2022 年全国陆地表面年平均水平面总辐照量较常年偏大。2022 年，全国陆地表面年平均水平面总辐照量约为 1563.4kW·h/m²，较近 10 年平均值偏大 54.0kW·h/m²，较 2021 年偏大 70.0kW·h/m²。新疆北部、西藏东南部、黑龙江、吉林、辽宁等地偏大，山西、陕西、山东等局部地区明显偏大，河北、北京、天津、陕西南部、山西、四川东部、重庆、云南北部、贵州、广西、湖南、湖北、河南、安徽、江西、广东、福建、浙江、江苏等地异常偏大。新疆西南部及东部、青海中部及西部、四川西部、云南西部、内蒙古西部偏小；新疆南部、西藏西部、青海中部、内蒙古西北部明显偏小，西藏西部等地异常偏小。

最佳斜面辐照量和固定式光伏电站首年利用小时数较常年偏高。2022 年，全国平均的年最佳斜面总辐照量为 1815.8kW·h/m²，较近 10 年平均值偏大

50.8kW•h/m²，较 2021 年偏大 67.1kW•h/m²。2022 年全国平均固定式光伏电站首年利用小时数为 1452.7h，较近 10 年平均值偏多 40.7h，较 2021 年偏多 53.7h。从地域分布看，新疆、西藏、青海、甘肃北部、四川西部、内蒙古、宁夏北部、陕西北部、山西北部、河北、北京、天津、东北地区东部等地年最佳斜面总辐照量超过 1800kW•h/m²，首年利用小时数在 1500h 以上；四川东部、重庆、贵州、湖南西部等地年最佳斜面总辐照量在 1400kW•h/m² 以下，首年利用小时数低于 1100h。

2.6.2 发电生产

太阳能发电装机规模大幅增长，新增规模接近新增电源总规模的一半。2022 年，太阳能发电新增装机容量 8606 万 kW，比上年增长 62.4%，占新增电源总规模的比重达到 46.2%。截至 2022 年底，太阳能发电装机容量达 3.9 亿 kW，比上年增长 28.1%，增速比上年增加 7.2 个百分点。2020—2022 年太阳能发电平均增速 24.4%，比"十三五"平均增速降低 18.7 个百分点。2011—2022 年我国太阳能发电发展规模及变化趋势如图 2-30 所示。

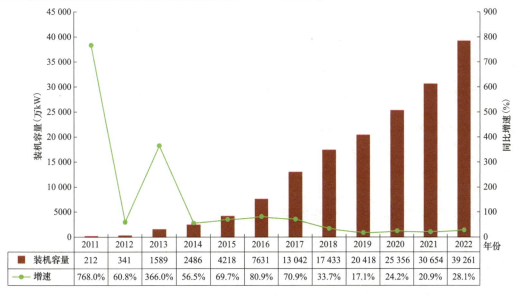

	2011	2012	2013	2014	2015	2016	2017	2018	2019	2020	2021	2022
装机容量	212	341	1589	2486	4218	7631	13 042	17 433	20 418	25 356	30 654	39 261
增速	768.0%	60.8%	366.0%	56.5%	69.7%	80.9%	70.9%	33.7%	17.1%	24.2%	20.9%	28.1%

图 2-30 2011—2022 年我国太阳能发电发展规模及变化趋势

　　太阳能发电新增装机主要集中在消纳条件好、电价相对高的地区。分区域来看，2022年新增太阳能发电装机主要集中在华北地区，新增规模达2305万 kW，占全国太阳能发电新增规模的26.8%，其中，河北、山东等消纳条件好、电价相对高的省份新增规模最大。截至2022年底，太阳能发电装机规模最大地区为华北地区，达11 698万 kW，约为全国太阳能发电总装机容量的29.8%；其次为西北地区，达7937万 kW，装机占比约为20.2%，比上年下降2.1个百分点。2021—2022年全国太阳能发电装机分布情况如图2-31所示。

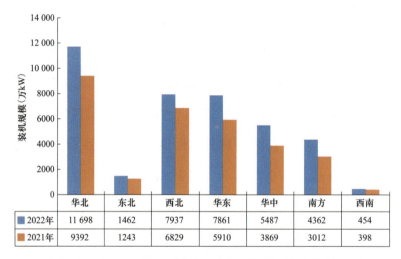

图 2-31　2021—2022年全国太阳能发电装机分布情况

　　分省（区、市）来看，2022年，山东、河北太阳能发电装机规模最高，分别达到4270万、3855万 kW。浙江、江苏、河南、安徽太阳能发电装机规模均超过2000万 kW。上述6个省份太阳能发电装机总规模达17 660万 kW，占全国的45.0%。2022年底全国各省（区、市）太阳能发电装机分布情况如图2-32所示。

　　受光照条件较好影响，太阳能发电机组利用小时数有所提高。2022年，太阳能发电机组利用小时数为1337h，比上年提高56h。东北地区太阳能发电利用小时数最高，其次是西北地区。从省（区、市）来看，太阳能发电利用小时数最高的为黑龙江，达1724h。吉林、内蒙古、四川、宁夏、辽宁、甘肃的利用

小时数超过 1500h，青海、新疆、山西、西藏、陕西、天津、北京、河北等 8
个省（区、市）的利用小时数均超过 1300h，广东、重庆利用小时数均在 1000h
以下。2022 年各省（区、市）太阳能发电机组平均利用小时数如图 2-33 所示。

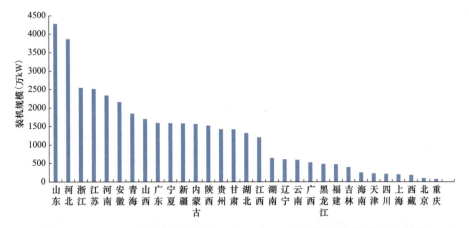

图 2-32 2022 年底全国各省（区、市）太阳能发电装机分布情况

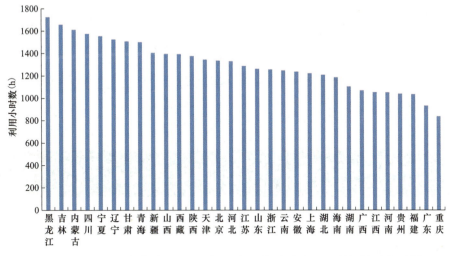

图 2-33 2022 年各省（区、市）太阳能发电机组平均利用小时数

2.6.3 发电技术

全国首座光伏直供换电站投运。2022 年 5 月，国家能源集团宁夏电力宁东
公司"换电重卡绿色交通（物流）示范项目"顺利竣工并正式投入使用，该项

目是全国首座光伏直供换电站，利用厂区场地建设换电站，厂内分布式光伏所发绿电提供换电站电量补给，换电站实行无人化值守，车辆可在 3～5min 内实现全自动能源补给。

南京大学实现高效率的全钙钛矿叠层太阳能电池组件制备。钙钛矿叠层太阳能电池具有低成本溶液处理的优势，在薄膜太阳能电池的大规模应用中显示出重要前景。2022 年，南京大学谭海仁团队通过设计钝化分子的极性，提升其在窄带隙钙钛矿晶粒表面缺陷位点上的吸附强度，显著增强缺陷钝化，大幅提升全钙钛矿叠层电池的效率。经国际权威检测机构日本电器安全环境研究所（JET）独立测试，叠层电池效率达 26.4%，创造了钙钛矿电池新的纪录并首次超越了单结钙钛矿电池。该团队开发出大面积叠层光伏组件的可量产化制备技术，显著地提升了组件的光伏性能和稳定性，实现了国际认证效率 21.7% 的叠层组件制备。

隆基创造硅太阳能电池效率新纪录。2022 年 11 月，隆基首次自主开发的硅异质结太阳能电池，因其优异的钝化接触结构创造了硅电池世界纪录——26.81% 的电池转化效率，也是几十年来首次由中国太阳能科技企业创造的全种类的硅电池效率世界纪录。

2.7　生物质发电

2.7.1　发电能源

（一）秸秆产量[1]

我国秸秆利用量保持平稳上升。我国是农业大国，秸秆资源丰富，位居世界秸秆资源的首位，产量还在逐年增加，2022 年，我国粮食总产量 68 653 万 t，

---

[1]　数据来源：中国秸秆网。

粮食产量连续 8 年稳定在 6.5 亿 t 以上。相应地，2022 年我国秸秆综合利用量在 6.62 亿 t 左右，较上年提升 2.3%。

（二）生活垃圾清运量

全国城市生活垃圾清运量有所下降。 2022 年，我国城市生活垃圾清运量达 24 444 万 t，比上年降低 425 万 t，降幅 1.7%，生活垃圾清运量有所下降，如图 2-34 所示。

图 2-34　2011—2022 年我国城市生活垃圾清运量

2.7.2　发电生产

生物质发电装机容量保持稳步增长，但增速比上年下滑明显。 2022 年，我国新增生物质发电装机容量 325 万 kW，比上年减少 495 万 kW。截至 2022 年底，生物质发电装机容量约为 4132 万 kW，比上年增长 8.5%，增速比上年下滑 19.0 个百分点。2020—2022 年生物质发电平均增速 17.6%，比"十三五"平均增速降低 3.6 个百分点。2011—2022 年我国生物质发电发展规模及变化趋势如图 2-35 所示。

生物质发电量稳步增长，利用小时数有所提高。 2022 年，我国生物质发电量为 1838 亿 kW·h，比上年增加 180 亿 kW·h，增速为 10.9%，发电量排名前五的省份是广东、山东、浙江、江苏、安徽，分别为 217 亿、185 亿、145 亿、

136 亿、124 亿 kW·h。2022 年，生物质发电机组利用小时数为 4449h，较上年提高 93h。

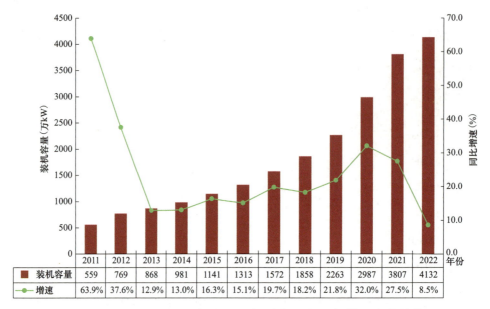

图 2-35　2011—2022 年我国生物质发电发展规模及变化趋势

年份	2011	2012	2013	2014	2015	2016	2017	2018	2019	2020	2021	2022
装机容量	559	769	868	981	1141	1313	1572	1858	2263	2987	3807	4132
增速	63.9%	37.6%	12.9%	13.0%	16.3%	15.1%	19.7%	18.2%	21.8%	32.0%	27.5%	8.5%

2.7.3　发电技术

国内首台大型燃煤机组耦合生物质发电示范项目完成试运行。2022 年 11 月，华能日照电厂 4 号 680MW 机组耦合生物质发电示范项目顺利完成 72h 试运行，标志着国内首台大型燃煤机组耦合生物质发电示范项目取得圆满成功。该项目设计生物质发电容量 34MW，投产后年发电量为 1.7 亿 kW·h，年消耗生物质燃料 9.55 万 t，年减排二氧化碳约 14 万 t、烟尘约 19t，为农田秸秆类生物质能高效利用和存量火电机组转型升级提供了新路径。

（本章撰写人：孙广增、贾涓方、侯东羊　审核人：张富强、谭雪）

3

2022 年电源高质量发展综合评价

章节要点

在 2022 年构建的评价体系基础上，本年度根据新形势和新要求，继续完善涵盖综合性指标与安全、清洁、低碳、经济、高效、灵活 6 个维度的综合评价体系，以持续提升评价的全面性。

2022 年，统筹保供和转型方面保供相对挑战更大，电源高质量发展在清洁、低碳、高效、灵活方面的良好势头持续巩固，安全和经济方面指标得分有所回升，扭转了上一年度下降趋势。

具体来看，安全指标得分有所回升：常规电源装机容量保持增长，机组可靠性水平稳中有升。清洁指标得分持续提高：火电烟尘、二氧化硫、氮氧化物等 3 项常规污染物排放强度保持持续下降趋势。低碳指标得分提高：非化石能源发电量占比持续提高，火电整体二氧化碳排放强度持续降低。经济指标得分小幅上升：发电企业平均上网电价略有提高，整体经营情况好转，利润由亏转盈，煤电业务板块仍然亏损。高效指标得分上升：全国平均供电煤耗和厂用电率持续下降，新能源利用率进一步提高。灵活指标得分上升：煤电灵活性改造深入推进，灵活性电源装机占比不断提高。

3.1 评价指标体系

在 2022 年度《中国电源发展分析报告》中，构建了涵盖安全、清洁、低碳、经济、高效、灵活 6 个维度、19 个指标的电源高质量发展综合评价体系。在统筹发展和安全的战略要求下，考虑随着新能源占比逐渐增高带来的系统复杂性大幅增强，**为了更好地反映电力行业统筹保供和转型的进程，本次增加综合评价维度及其对应的"保供和转型统筹指数"指标。**

保供和转型是电源发展一体两面的问题，电源健康可持续发展的一个重要目标就是统筹好保供和转型。而随着新能源占比逐渐增高，**电力系统向新型电力系统演变过程中的复杂程度也在急剧增加，单纯使用物理性指标来评价保供与转型的进展，不足以反映保供和转型的真实难度和实际进展**。例如，对于某些地区，非化石能源发电量占比由 30％增至 40％难度不大，但考虑资源、通道等限制，从 40％增至 45％将十分困难，这种实际困难程度无法通过物理性指标的变化展现出。因此，**增加"保供和转型统筹指数"指标，通过调研省级电网规划、运行人员对地方实际保供形势和转型形势的直观感受，表征评价年度保供和转型的统筹平衡程度，并为今后保供和转型的统筹方向提供指导。**

"保供和转型统筹指数"的评价方法为，选取若干名调研对象，在上一年度"保供更难""转型更难""保供和转型较为统筹"中进行选择，计"保供更难"个数、"转型更难"个数、"保供和转型较为统筹"个数分别为 a、b、c，"保供和转型统筹指数"则是 $(a+c)/(b+c)$。当"保供和转型统筹指数"值为 1 时，表明上一年度保供和转型统筹程度较好，电源发展较为平衡；当值大于 1 时，表明上一年度保供承压大于转型承压，后续需要尤其加强保供；当值小于 1 时，表明上一年度转型承压大于保供承压，后续需要尤其加强转型。

在前两章中，本报告从电源装机容量、电力生产、电源投资、发电能源和发电企业等不同角度开展了电源发展总体情况分析，并进一步细分电源品种进行研究，建立了电源发展分析体系。分析体系为综合评价体系提供了研究基础，综合评价体系对分析体系进行了高度总结凝练，全面把脉电源发展总体水平和趋势特征。二者相互联系，互为补充，共同构成了电源高质量发展综合评价与分析体系，如图 3-1 所示。

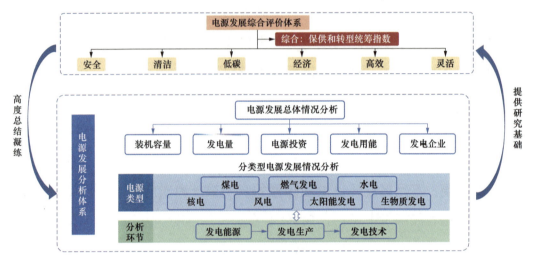

图 3-1　电源高质量发展综合评价与分析体系

考虑到安全、清洁、低碳、经济、高效、灵活 6 个维度各项指标的量纲不一，为增强数据分析的有效性，需要对其各项指标数据采取无量纲归一化处理。结合 2011—2022 年的历史数据，对于效益型指标（指标取值越大越好），采取"指标值与历史最小值之差/历史最大值与最小值之差"的归一化处理方式；对于成本型指标（指标值越小越好），采取"历史最大值与指标值之差/历史最大值与最小值之差"的归一化处理方式。之后，运用易操作可量化的加权法计算综合评价最终得分，电源高质量发展综合评价得分即为无量纲处理后各项指标值的加权和。表 3-1 为 2022 年度电源高质量发展综合评价指标体系。

表 3-1　　　　2022 年度电源高质量发展综合评价指标体系

一级维度	二级维度	指标
综合	统筹保供和转型	保供和转型统筹指数

一级维度	二级维度	指标
安全	电力供给能力	有效装机容量
	发电资源保障	发电能源供给充裕度
	机组可靠性水平	水电机组非计划停运
		煤电机组非计划停运
		核电机组非计划停运
清洁	污染物排放	二氧化硫排放绩效
		氮氧化物排放绩效
		烟尘排放绩效
低碳	非化石能源发展	非化石能源发电量占比
	碳排放强度	单位火电发电量二氧化碳排放
		单位发电量二氧化碳排放
	碳排放总量	发电二氧化碳排放总量
经济	行业盈利水平	发电企业利润总额
	电力供应成本	发电企业平均上网电价
高效	新能源利用水平	新能源利用率
	火电供电效率	供电煤耗
	电厂厂用电水平	厂用电率
灵活	煤电灵活性改造释放调节能力	煤电平均调峰能力
	灵活电源比例	灵活性电源装机容量占比[①]

① 计算煤电灵活性改造、燃气发电、抽水蓄能装机容量占电源总装机容量比重。

3.2 综合评价结果

2022 年,统筹保供和转型方面保供相对更为承压,全国整体保供和转型统筹指数为 1.38,电源高质量发展在清洁、低碳、高效、灵活方面的良好势头持续巩固。2011—2022 年我国电源高质量发展综合评价结果如图 3-2 所示。

(1) 相对转型,保供更为承压:全国整体保供和转型统筹指数为 1.38,保供承压明显。 初步调研覆盖 17 个省级电网的国家电网、南方电网发展工作体系

43 名专家，有 22 名专家认为 2022 年度本地区保供更难，有 14 名专家认为 2022 年度本地区转型更难，有 7 名专家认为 2022 年度本地区保供和转型较为统筹。2022 年度全国保供和转型统筹指数为 1.38，全国保供承压更加明显。

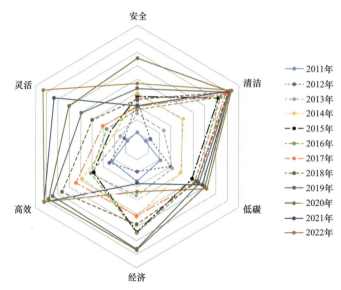

图 3 - 2　2011—2022 年我国电源高质量发展综合评价结果❶

（2）安全指标得分有所回升：常规电源装机容量保持增长，一次能源供应局部地区部分月份仍偏紧，机组可靠性水平稳中有升。2022 年，常规电源有效装机容量保持增长，但常规水电、煤电、气电、核电、生物质发电年度装机增量不及 2021 年，推动发电供应能力小幅提升。发电能源方面，煤炭增产增供一定程度缓解了国内电煤紧张局面，但长江干流和主要支流来水为有水文记录以来同期最枯，水力发电受到较大影响。2022 年，水电机组、煤电机组、核电机组非计划停运次数分别为 0.12、0.52、0.14 次/台年，较上一年度稳步下降，机组可靠性水平持续提升。2011—2022 年我国电源高质量发展安全指标评价结果如图 3 - 3 所示。

❶　在本报告采用的归一化处理方法下，指标得分靠近最外圈代表指标得分达到了 2011 年以来的最佳状态，是对历史取值的评价，未来仍有优化和改进的空间，并不代表指标本身已达到最优值。

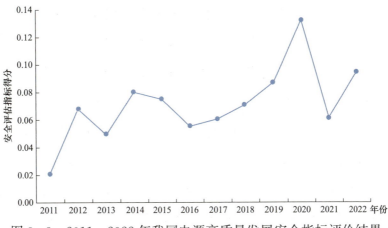

图 3-3　2011—2022 年我国电源高质量发展安全指标评价结果

（3）清洁指标得分持续提高：烟尘、二氧化硫、氮氧化物等 3 项常规污染物排放强度保持下降趋势，排放量保持与火电发展脱钩。截至 2022 年底，全国达到超低排放限值的煤电机组约 10.5 亿 kW，约占煤电总装机容量的 94%。2022 年，全国单位火电发电量烟尘、二氧化硫、氮氧化物排放量分别约为 17、83、133mg/（kW·h），分别比上年下降约 5、18、19mg/（kW·h）。全国电力烟尘、二氧化硫、氮氧化物排放量分别为 9.9 万、47.6 万、76.2 万 t，合计约 133.7 万 t，比上年下降 13.3%，而火电发电量比上年上升 1.2%，保持污染物排放与火电发展脱钩。2011—2022 年我国电源高质量发展清洁指标评价结果如图 3-4 所示。

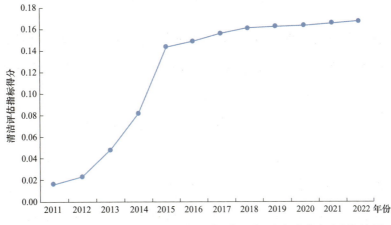

图 3-4　2011—2022 年我国电源高质量发展清洁指标评价结果

（4）低碳指标得分提高：非化石能源发电量占比持续提高，火电整体二氧化碳排放强度持续降低。2022 年，非化石能源发电量占比达到 36.2%，比上年提高约 1.7 个百分点。在供电煤耗持续下降、电力结构不断优化的带动下，火电和电力行业碳排放强度持续下降。2022 年，全国单位火电发电量二氧化碳排放约为 824g/（kW·h），比 2005 年降低 21.4%；全国单位发电量二氧化碳排放约为 541g/（kW·h），比 2005 年降低 36.9%。由于我国煤电发电量占比较高，我国火电碳排放强度与 OECD 国家平均水平相比仍偏高。但仅从煤电来看，煤电碳排放强度已低于日本、韩国等发达国家水平以及 OECD 国家平均水平。2011—2022 年我国电源高质量发展低碳指标评价结果如图 3-5 所示。

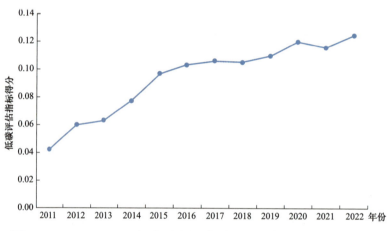

图 3-5 2011—2022 年我国电源高质量发展低碳指标评价结果

（5）经济指标得分小幅上升：发电企业平均上网电价略有提高，整体经营情况好转，利润由亏转盈，煤电业务板块仍然亏损。2022 年，发电企业平均上网电价呈上升趋势，达到 0.387 元/（kW·h），比上年提高 0.007 元/（kW·h）。电力企业经营逐步恢复，2022 年，五大发电集团电力业务收入 1.51 万亿元，比上年增长 14.6%，净利润由亏转盈，达到 1363 亿元。同时，煤电板块经营持续承压，2022 年五大发电集团全年火电业务经营总额亏损 803 亿元，其中，煤电业务经营总额亏损 898 亿元。2011—2022 年我国电源高质量发展经济指标评价结果如图 3-6 所示。

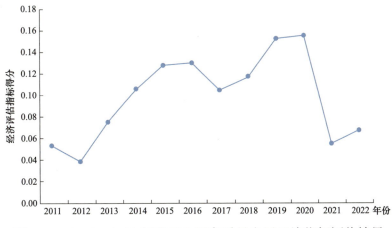

图 3-6 2011－2022 年我国电源高质量发展经济指标评价结果

（6）高效指标得分上升：全国平均供电煤耗和厂用电率持续下降，新能源利用率进一步提高。电力行业深入推进煤电节能技术升级、能效管理等工作，供电煤耗和厂用电率指标持续向好。2022 年，全国 6000kW 及以上火电厂供电标准煤耗达到 300.7g/（kW·h），较上年下降约 1.0g/（kW·h）；全国 6000kW 及以上电厂厂用电率为 4.49％，比上年下降 0.13 个百分点。受益于用电量较快增长、电力系统调节能力提升、输电通道外送能力提高、电力市场机制完善等因素，2022 年，全国风电平均利用率 96.8％，与上年基本持平，全国光伏发电利用率 98.3％，比上年上升 0.3 个百分点❶。2011－2022 年我国电源高质量发展高效指标评价结果如图 3-7 所示。

（7）灵活指标得分上升：煤电灵活性改造深入推进，灵活性电源装机❷占比不断提高。在政府大力推进煤电灵活性改造的带动下，2022 年，"三北"地区完成火电机组灵活性改造 168 台，装机容量合计 8117 万 kW，供热期提升调节能力 1002 万 kW，非供热期提升调节能力 1071 万 kW。同时，抽水蓄能和燃气发电装机容量持续增长，全国灵活性电源装机容量占比不断提高，改造后煤

---

❶ 数据来源：《2022 年度全国可再生能源电力发展监测评价报告》。

❷ 包括满足国家最小发电出力要求的改造后煤电机组、抽水蓄能和燃气发电，本年度新型储能暂不纳入总电源装机容量和灵活性电源装机容量中。

电机组、抽水蓄能和燃气发电装机容量之和占电源总装机容量的比重达到 18.3% 左右，比上年提高约 2.2 个百分点。与此同时，2022 年风电和太阳能发电装机容量之和占电源总装机容量的比重达到 29.6% 左右，比上年提高约 2.8 个百分点。总体来看，2022 年我国系统灵活调节能力提升与新能源发展带来的调节需求增长基本匹配，但受灵活性电源和新能源布局差异影响，部分地区仍存在不匹配的情况。2011—2022 年我国电源高质量发展灵活指标评价结果如图 3-8 所示。

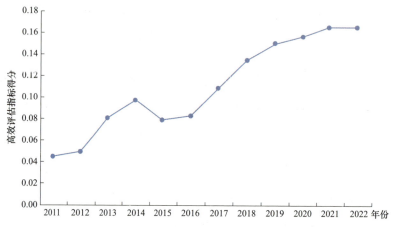

图 3-7　2011—2022 年我国电源高质量发展高效指标评价结果

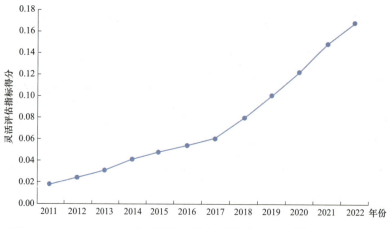

图 3-8　2011—2022 年我国电源高质量发展灵活指标评价结果

（本章撰写人：冯君淑、吕梦璇、金艳鸣、郭健翔　审核人：张富强）

4

2023 年及"十四五"
中后期供需情况
分析展望

章节要点

预计 **2023** 年，我国电源装机容量将持续保持快速增长，其中新能源装机高速增长。2023 年，全国新投产发电装机容量 2.8 亿 kW，比上年增长 40.3%。其中，水电新投产进入间歇期，预计投产 904 万 kW；火电投产有望加速推进，新投产或将突破 6000 万 kW；核电新投产规模有所减少，预计投产 198 万 kW；风电装机容量将止跌回升，新投产 0.7 亿 kW；太阳能发电新增容量将创新高，预计新投产 1.3 亿 kW，其他装机新投产 954 万 kW。

"十四五"末期，各类电源装机规模持续增长。预计 2023－2025 年，全国新增装机容量约 9 亿 kW，年均增长率约 8.5%。其中，水电新投产超过 3700 万 kW，年均增长率约 4.4%；火电新投产近 2.7 亿 kW，年均增长率约为 6.5%；核电新投产 1478 万 kW，年均增长率达到 8.2%；风电新投产超过 1.7 亿 kW，太阳能发电新投产超过 3 亿 kW，年均增长率分别达到 13.7% 和 21.5%。预计 2025 年，全国电力装机容量将达到 34.6 亿 kW。其中，水电装机容量约 4.6 亿 kW，占比 13.4%，主要分布于西南、南方区域；核电总装机容量超过 7000 万 kW，占比 2.0%，主要分布于南方和华东区域；火电装机容量约 16 亿 kW，占比 44.8%；风电装机容量约 5.4 亿 kW，占比 15.5%，主要分布于"三北"地区；太阳能发电装机容量约 7.0 亿 kW，占比 20.3%，主要分布于西北、华北地区。

预计到 2023、2024 年，部分省份电力供需偏紧，到"十四五"末基本平衡。2023、2024 年国家电网经营区一半省（区、市）电力供需偏紧，尤其是华北、西北和西南区域供需最为紧张。2025 年，由于扩能改造煤电项目和跨区通道集中投运，供需矛盾得到明显缓解。

4.1　2023年电源发展概况

　　2023 年，我国电源装机容量保持快速增长，太阳能发电、风电装机规模首超水电，分别成为第二大、第三大电源类型。2023 年底，全国发电装机容量将达到 28.4 亿 kW，比上年增长 10.8%。其中，水电、火电、核电、风电、太阳能发电装机容量分别达到 4.2 亿、13.9 亿、5751 万、4.4 亿、5.2 亿 kW，分别比上年增长 2.2%、4.5%、3.6%、19.3%、32.1%。预计 2023 年，水电、火电、核电、风电、太阳能发电装机比重分别为 14.9%、49.0%、2.0%、15.3%、18.3%。图 4-1 为 2023 年全国电源新增及总装机结构预测。

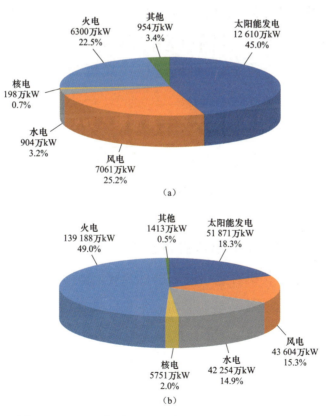

图 4-1　2023 年全国电源新增及总装机结构预测

（a）新增电源装机结构；（b）总装机结构

分电源品种看，火电新投产装机容量有望突破 6000 万 kW。随着新冠疫情防控取得重大决定性胜利，火电投产有望加速推进。考虑到年末投产仍具有较大不确定性，预计全年火电新投产 6300 万 kW，为 2016 年以来新高，比上年增长 40.9%。

重大水电工程进入投产间歇期，增速减缓。继 2020—2022 年连续 3 年常规水电投产规模超过千万千瓦之后，重大水电项目投产暂时告一段落，预计 2023 年全年新投产 904 万 kW，比上年减少 62.1%。

核电新增规模比上年有所减少。2023 年，全国新投产核电装机容量 198 万 kW，比上年减少 30 万 kW。其中，中广核广西防城港核电站 3 号机组已于 2023 年 1 月首次并网发电，另有山东石岛湾、中核霞浦等核电项目投产。

风电装机容量有望止跌回升。考虑 2021、2022 年我国风电投产规模连续两年下降、风电待投产规模巨大以及国家第一批风光基地项目将于 2023 年陆续投产等主要影响因素，预计 2023 年风电投产规模为 7061 万 kW，比上年增长 87.6%。

太阳能发电新增装机容量预计创历史新高。受 2022 年四季度新冠疫情感染集中暴发影响，四季度装机增速较前三季度明显放缓。考虑到存量规模与新增规划，预计 2023 年太阳能发电投产规模将首度破亿，达到 1.3 亿 kW，比上年增长 44.3%，创历史新高。

分区域看，2023 年新投产装机主要分布于西北、华北区域。其中，华北区域占比达 22.5%，投产装机容量超过 6300 万 kW，新增容量创历史新高，比上年增长 29.3%，其中近 80% 为新能源装机。华东区域新投产装机超过 2800 万 kW，占比 10.1%，比上年减少 18.0%，其中太阳能发电占比约 57%。华中区域投产装机容量预计将首度突破 3000 万 kW，全年投产容量将达 3200 万 kW，占比 11.4%，比上年增长 15.6%，其中太阳能发电占比达到 47.2%，新能源发电装机占比接近七成。东北区域新增装机容量比上年增长 48.3%，新投产装机超过 2800 万 kW，占比 10.1%，受蒙东大型风光基地及配套火电集中并网拉动，风电、火电新投产装机比重达到 58.1% 和 31.5%。西北地区投产装机容量比上年增长 1.9 倍，新增装机约 7200 万 kW，占比 25.7%，位居全国第一，投产类型主要为太阳能发电、风电和火电，占比分别达到 44.9%、25.9% 和 17.8%。西南区域新投产装机容量大幅下降，仅为 688 万 kW，比上年减少 33.6%，占全国比重仅 2.4%，投产结构相对平衡，水电、火电、风电和太阳能发电占比分别为 16.1%、20.3%、39.2% 和 24.4%。南方区域新投产装机接近 5000 万 kW，比上年增长 44.6%，其中，太阳能发电和火电新投产装机容量占比分别达到 47.2% 和 28.8%，合计占比接近 80%。

4.2 "十四五"末期电源发展展望

在 2023 年电源存量基础上，"十四五"末期，各类电源装机规模持续增长。 预计 2023—2025 年，全国新增装机容量约 9 亿 kW，年均增长率约 10.5%。其中，水电新投产超过 4800 万 kW，年均增长率约 3.8%；火电新投产约 2.7 亿 kW，年均增长率约达 6.5%；核电新投产 1478 万 kW，年均增长率达到 8.2%。风电增速较快，新投产 1.7 亿 kW，年均增长率达到 13.7%。太阳能发电增速迅猛，新投产规模达到 3 亿 kW 以上，年均增长率达到 21.5%。

预计 2025 年，全国电力装机容量将达到 34.6 亿 kW。其中，水电装机容量约 4.6 亿 kW，占比 13.4%，主要分布于西南、南方区域，两区水电装机容量之和约占全国水电总装机容量的 70%；核电总装机容量超过 7000 万 kW，占比 2.0%，主要分布于南方和华东区域，两区域之和占比达到全国 80%，其余分布在华北、东北区域，华中、西北、西南无核电装机；火电装机容量约 16 亿 kW，占比 44.8%，华北、华东区域火电装机容量均在 3 亿 kW 以上，西北、南方区域装机容量则均超过 2 亿 kW；风电装机容量约达 5.4 亿 kW，占比 15.5%，其中"三北"地区装机容量接近 3.7 亿 kW，约占全国风电装机规模的 70%；太阳能发电将达 7.0 亿 kW，占比约 20.3%，其中西北、华北地区装机容量接近 3.9 亿 kW，占比约达 60%。

4.3　供需形势预测

（1）煤炭。

"十四五"后 3 年煤炭供需整体平衡。 在供应方面，预计"十四五"后 3 年我国煤炭开发战略重点继续向资源禀赋好、开采条件好的"晋陕蒙新地区"集中，2025 年前产能规模达到 43 亿～45 亿 t，产量规模达到 40 亿 t 以上。**在需求方面**，综合各大用煤行业煤炭消费预测，"十四五"末煤炭需求量达峰，煤炭消费峰值在 44 亿 t 左右。**在流向方面**，维持"北煤南运、西煤东调"格局，"晋陕蒙新"生产地区流向东南、华北、华南、东北等消费地区。

（2）天然气。

"十四五"后 3 年受国际供应不确定因素影响，天然气供需整体偏紧。 在供应方面，"十四五"期间国产天然气量仍有较大发展潜力，预计 2025 年国产天然气产量达到 2400 亿 m^3 左右，主要集中在四川盆地、鄂尔多斯盆地、塔里木盆地和南海等海域，陕西、四川、新疆 3 个省（区）合计超过 70%。受俄乌冲突改变全球天然气贸易格局持续影响，进口预计维持"量紧价高"。**在消费方面**，天然气消费规模稳步增长但增速下降，主要集中在长三角、珠三角地区。**在流向方面**，加快陆上进口管道、沿海 LNG 接收站外输管道、油气田外输管道、国内互联互通管道的建设，进一步完善天然气干线管网布局，强化西北、西南、东北三大陆上管道以及东部海上 LNG 进口格局。

（3）电力。

受宏观经济持续恢复、电气化水平稳步推进等影响，"十四五"后 3 年电力需求仍将较快增长。经济方面，在新发展格局战略统领下，我国将坚持供给侧结构性改革，深化构建双循环格局，保障经济平稳增长，预计"十四五"后 3 年经济年均增长 5.4%。从电量来看，预计 2023、2024、2025 年，全国全社会用电量分别为 9.2 万亿、9.7 万亿、10.2 万亿 kW·h，"十四五"后 3 年年均增长 5.7%；预计 2025 年，国家电网经营区全社会用电量达 8.0 万亿 kW·h，"十四五"后 3 年年均增长 5.3%。从负荷来看，预计 2025 年，全国全社会最大负荷为 16.6 亿 kW，国家电网经营区全社会最大负荷为 13.2 亿 kW，"十四五"后 3 年年均增长 5.9%。

"十四五"期间，预计中西部地区用电增速相对较高，东部地区次之，东北地区最低。 东部地区受产业结构调整、出口、技术进步影响更明显，预计 2025 年华东、华北电网全社会用电量分别为 2.4 万亿、1.9 万亿 kW·h，"十四五"年均增长分别为 5.9%、4.6%，其中山东、江苏、浙江等东部经济大省"十四五"年均分别增长 4.4%、5.2%、6.0%；中部受高技术制造业驱动更突出，预计 2025 年华中电网全社会用电量达 1.3 万亿 kW·h，"十四五"年均增长 6.9%；西部受数字化、新能源、基建投资、承接产业转移等影响更显著，预计 2025 年西北、西南全社会用电量分别为 1.2 万亿、0.7 万亿 kW·h，"十四五"年均分别增长 10.4%、11.2%，其中四川达到 11.2%，在各省份中领先；东北农业仍是重要增长点，预计 2025 年全社会用电量为 0.6 万亿 kW·h，"十四五"年均增长 4.0%。

预计 2023 年、2024 年电力供需偏紧，"十四五"末供需形势整体好转。 扩能改造煤电项目和跨区通道集中在 2025 年投运，"十四五"末电力供需基本平衡，但华北、西北供需形势相对紧张。2023、2024 年电力供应压力较大的区域主要分布在华北、西北和西南。

分省（区、市）看，国家电网经营区一半省（区、市）未来两年电力供需偏紧。 13 个省（区、市）2023 年或 2024 年电力供需偏紧，分别是京津冀、河北南、山东、江苏、浙江、安徽、湖北、湖南、河南、江西、青海、新疆和四川。2025 年，电力供需偏紧的地区减少为 6 个，分别是河北南、江苏、河南、甘肃、新疆和四川。

（本章撰写人：吴聪、闫晓卿、傅观君、李卓男　审核人：张富强、陈海涛）

5

专题研究

党的十九届五中全会围绕统筹发展和安全提出明确要求、做出具体部署，面对能源发展新形势和新挑战，党的二十大报告提出深入推进能源革命，规划建设新型能源体系，对新型电力系统统筹发展和安全提出更高要求。2023 年是全面贯彻落实党的二十大精神的开局之年，也是实施"十四五"规划承上启下的关键之年，谋划好电源发展意义深远。因此，本章重点从"十四五"规划中期评估着手，明确当前电源领域统筹发展和安全面临的关键问题。然后，就储能促进新能源消纳和保障电力供应作用进行分析，以未来更科学地配置储能资源适应新型电力系统发展需求。同时，考虑到电源未来"退役潮"将对电力系统安全韧性带来较大考验，本章在定量评估"退役潮"的影响基础上，提出应对策略和相关建议。

5.1 "十四五"电力发展中期评估

本专题针对《"十四五"现代能源体系规划》（简称《规划》）提出的涉及电力行业的发展目标，结合"十四五"以来电源发展建设等情况，总结《规划》执行情况，分析完成《规划》面临的主要问题，提出未来几年重点举措建议。

5.1.1 规划执行情况

从电力总量、电力结构和节能减排 3 个维度梳理了电力发展主要目标及完成进度，如表 5-1 所示。

表 5-1　　　　　　　　电力发展主要目标及完成进度

类别	指标	2020 年	2022 年	2025 年	2020—2022 年增幅/平均增速	"十四五"增幅/年均增速
电力总量	总装机容量（亿 kW）	22	25.6	30	7.9%	6.4%
	人均生活用电量（kW·h/人）	808	947	1000	[139]	[192]
电力结构	非化石能源消费比重（%）	15.9	17.6	20	[1.7%]	[4.1%]
	非化石能源发电量比重（%）	33.9	36.2	39	[2.3%]	[5.1%]

类别	指标	2020 年	2022 年	2025 年	2020－2022 年增幅/平均增速	"十四五"增幅/年均增速
电力结构	灵活调节电源占比（%）	13.6	18.3	24	[4.7%]	[10.4%]
	煤电机组灵活性改造（亿 kW）	—	1.88	2	[1.88]	[2]
	常规水电（亿 kW）	3.4	3.68	3.8	4.3%	2.2%
	抽蓄装机（万 kW）	3149	4579	6200	20.6%	14.5%
	核电（万 kW）	4989	5553	7000	5.5%	7.0%
节能减排	煤电节能改造（亿 kW）	—	1.52	3.5	[1.52]	[3.5]

注　［　］为 2 年或 5 年累计值。

（1）在新能源迅猛发展推动下，电力装机总量增速高于《规划》预测增速，有望完成装机总量目标。 在各类型电源中，新能源装机容量年均增长 19.0%，成为"十四五"前两年装机容量增速最快的电源。2022 年电源总装机容量达到 25.6 亿 kW，"十四五"前两年年均增长 7.9%，高于《规划》预测增速 6.4%。随着经济社会发展、人民生活水平不断提高，空调、采暖用电快速增长，人均生活用电量前两年年均增长 8%，年均增加约 70kW·h，远高于规划要求的年均 38kW·h 水平，按此增速趋势，2025 年实际人均生活用电量有望超过规划目标。

（2）能源消费结构持续优化，预计非化石能源占比目标能够实现。"十四五"前两年，我国风光引领非化石能源保持较快增长，非化石能源占一次能源消费比重达到 17.6%，距离《规划》20% 的目标还差 2.4 个百分点。按前两年非化石能源消费占比年均增加 0.85 个百分点测算，"十四五"5 年有望完成 4.1 个百分点比重增量。

（3）电源结构逐步优化，灵活调节电源占比目标预计能够实现。"十四五"前两年电源结构逐步优化，2022 年煤电累积装机 11.2 亿 kW，占比已从 2020 年的 49% 降至 43.8%。非化石能源发电量达到 3.1 万亿 kW·h 左右，占比达到

36.2%，距离《规划》39%的目标还差 2.8 个百分点。煤电机组灵活性改造完成 1.88 亿 kW，距离《规划》目标仅差 0.12 亿 kW，改造目标可提前实现；灵活调节电源占比达到 18.3%，距离《规划》24% 的目标还差 5.7 个百分点，按"十四五"前两年年均增加 2.35 个百分点趋势预测，"十四五"末有望完成 10.4 个百分点比重增量。

（4）常规水电装机目标有望如期实现，核电投产进度滞后。 截至 2022 年底，常规水电装机容量达到 3.68 亿 kW，"十四五"前两年年均增速为 4.3%，高于《规划》设定的年均增速，考虑目前在建项目进度，预计 2025 年能够完成目标；核电装机容量达到 5553 万 kW，"十四五"前两年年均增速为 5.5%，投产进度滞后于目标。

（5）煤电机组节能改造加快推进，预计能够完成规划目标。 "十四五"前两年，我国加快推进煤电机组节能改造，完成改造 1.52 亿 kW，约占《规划》目标的 43%，预计 2025 年煤电机组节能改造 3.5 亿 kW 的目标可如期实现。

5.1.2 "十四五"电力发展面临的关键问题

（1）煤电、气电等常规保障电源发展积极性不高，部分地区建设滞后。

从煤电发展看， "十四五"前两年，国内煤炭价格高位震荡，特别是进入 2022 年，受俄乌冲突、国际煤价上涨、进口煤减少等因素影响，煤炭存在季节性、区域性供需紧张，电煤价格保持相对高位运行，煤电企业大部分亏损。10 月份以后，虽然随着煤炭供需形势逐步改善、进口快速恢复，市场价格持续向合理区间回归，但煤电企业经营状况未得到根本好转。受新增煤电投资信心不足、整体工作进度滞后等因素影响，部分地区"十四五"电力规划煤电两年来开工建设率仅达 20%，发展不及预期。

从气电发展看， 我国天然气发电气源紧张，燃气发电成本高，较难疏导，受俄乌冲突及新冠疫情等多重因素影响，2022 年国内 LNG 价格处于近 5 年的高位，全年均价 6354 元/t，比上年涨 28.0%。由于气电企业投资积极性不高，华东、华中地区还有部分项目没有明确业主。

（2）极端天气频率增加，成为未来影响电力供应的最大不确定性因素。

随着全球气候变暖导致大气环流变化，极端天气出现频率越来越高，近年来日益呈现"常态化"特征，对电力安全造成巨大挑战。从负荷侧看，我国电力负荷尖峰化、夏冬"双峰"特征逐渐显著，制冷、取暖等温度敏感性负荷占比持续升高。从电源侧看，除水、风、光等可再生能源外，极端天气对火电、核电同时也造成影响。从电网侧看，在低温雨雪冰冻、飓风、洪涝等灾害天气影响下，电网设备故障风险增大。未来随着新能源发电占比逐步提高，极端条件下，新能源出力不足、电力需求大幅波动、恶劣天气影响输煤输电通道等风险因素还会交织叠加，并引发连锁风险。

（3）新能源渗透率超过一定水平后，系统成本将大幅上涨。

由于新能源发电具有波动性和不确定性，其并网利用必须依靠火电、抽蓄等调节性、支撑性电源以及电网的支持，较高利用水平的要求实际增加了常规电源、电网等主体的投资和运行成本。研究普遍表明，新能源电量渗透率超过15%之后，将引发系统成本将大幅上涨。据测算，"十四五"末全国新能源电量渗透率有望超过20%，成本面临加速上涨的风险。

（4）引导灵活性资源配置的市场机制有待完善。

辅助服务市场不完善，仍在初期探索阶段。我国辅助服务定价偏低，2021年，我国辅助服务补偿费用约占全社会总电费的0.9%，远低于美国PJM市场的2.5%、英国的8%。

各类市场主体所发挥的价值无法完全体现。当前以电量竞争为主的市场机制，无法准确衡量各市场主体为系统提供的容量价值、灵活调节价值、绿色价值等，不能实现系统调节成本的有效传导，如火电参与市场面临现行"基准价＋上下浮动"电价机制不能完全覆盖火电成本、容量市场或补偿机制建设滞后不利于发挥火电兜底保障作用的问题。

5.1.3 重点举措建议

(1) 持续改善火电企业可持续经营能力。

通过财政税收、资源重组、市场机制等手段，推动实现煤电、气电行业长期可持续发展，推动明确大型新能源发电基地、支撑煤电、特高压通道"三位一体"规划及完善配套机制，保障煤电、气电等电力企业生存发展能力。

(2) 要高度重视极端天气下的电力保供问题。

深刻认识极热、极寒、台风、地震、网络攻击等极端情况对电力安全保供带来的突发性、严重性后果，建立健全针对极端条件的电力保供超前预警与应急响应机制，推动各方应急保障力量协同联动。

(3) 通过新能源"量率"协同，推动新能源健康发展。

从系统全局出发，新能源消纳水平理论上存在总体最经济的"合理值"。新能源"合理利用率"可定义为使全社会电力供应成本最低的新能源利用率水平，部分地区需要降低新能源利用率目标水平，部分地区需要提高利用率目标水平。通过合理设置新能源利用率水平，有利于扩大新能源发展空间和装机规模、发电量双提升。

(4) 通过完善电力市场设计实现灵活性资源容量价值和调节能力价值发现。

逐步建立容量成本回收机制，合理反映煤电、气电为系统提供安全支撑的容量价值。以容量补偿机制起步，循序渐进推进容量市场建设。逐步引入包括煤电在内的各类电源、负荷侧资源、储能等多元容量资源参与市场，适时开展灵活调节容量、惯量容量等交易品种。

进一步创新细化辅助服务市场设计，合理补偿市场主体参与系统调节收入。结合实际分级分类优化设计调频、备用等既有辅助服务品种，适时引入快速爬坡、转动惯量、快速调频等辅助服务新品种。加强辅助服务市场与现货市场在时序、流程、出清机制、价格机制等方面的衔接，逐步实现电能量现货市场与调峰市场的融合，探索辅助服务与电能市场联合出清。

5.2 储能促进新能源消纳和保障电力供应作用研究

新能源快速发展催生了"储能热",社会上普遍认为"新能源＋储能"即可完全解决消纳问题,这对未来促进新能源消纳、保障电力供应等有着重要影响。本专题从技术分析入手,研究日调节储能促消纳和保供电效果,超前提出相关对策建议,以更好地适应新型电力系统发展需要。

5.2.1 日调节储能促进新能源消纳的饱和效应分析

日调节储能促进新能源消纳存在"饱和效应",把新能源消纳全部寄希望于日调节储能上是"危险"的。分析表明,新能源高渗透率下,增加日调节储能对新能源消纳的提升效用会逐渐减弱,新能源利用率将随储能规模增加逐步"饱和"。以西北某省为例,当考虑 2025 年新能源装机规模 7100 万 kW、占比 60％时,日调节储能规模由 0 增至 800 万 kW,新能源利用率提升 3.4 个百分点,但由 800 万继续增至 1600 万 kW,利用率只能提升 0.37 个百分点,即每百万千瓦日调节储能促进新能源利用率增长幅度,由 0.43 个百分点下降到 0.046 个百分点。由此可见,持续增加日调节储能规模不能带来新能源利用率的等效提升。如图 5-1 所示,单位日调节储能的促消纳效果逐渐减弱,储能规模超过"饱和点"(促消纳效果显著下降的转折点)后,新能源利用率增幅急剧放缓。上述现象破除了目前业界"储能可留住无限风光"的普遍理想化认知,即不能简单认为"新能源＋储能"即可解决消纳问题。

日调节储能促消纳出现"饱和效应"原因:新能源高渗透率下,连续弃风弃光现象频发,导致日调节储能在短周期内"无处放电"。随新能源装机占比提升,由短时间段弃能演变为连续长时间弃能时,日调节储能所储电量很难有机会放出,再增加储能规模对于提升新能源利用率的作用将减弱并趋于饱和。

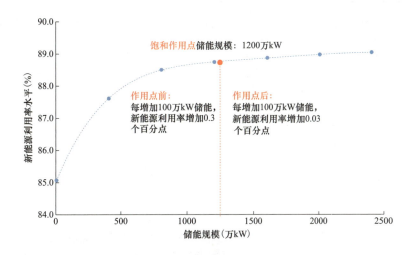

图 5-1 日调节储能促进新能源消纳的饱和效应

高比例新能源电力系统中，即使用尽各种措施，新能源利用率仍可能难以达到 95％，将出现"利用率天花板"现象。以西北某省为例，在新能源渗透率 60％、70％的方案下，日调节储能作用"饱和点"分别出现在 1200 万、800 万 kW 附近，对应日调节储能占新能源装机规模比例为 17.0％、7.3％，新能源利用率分别为 88.7％、70.0％。继续大规模增加日调节储能，新能源利用率增加极其缓慢，难以超过 90％和 72％，将其称为"利用率天花板"。新能源渗透率越高，系统"利用率天花板"越低，需在规划各地利用率管控目标时统筹考虑。增加多日、周、月、季调节储能等较长周期储能仍可继续提高新能源利用率，但"十四五""十五五"期间预计上述类型储能难以规模化应用。图 5-2 为不同新能源渗透率下储能饱和作用点对比。

火电灵活性改造、增加外送通道等促消纳措施不存在"饱和效应"，在灵活调节资源规划中应优先考虑。火电灵活性改造、增加外送通道可以直接扩大系统全时段的消纳空间，不存在饱和效应。如图 5-3 所示，随着灵活性改造规模持续提升，煤电综合最小技术出力不断降低（平均调峰深度不断加大），新能源利用率呈线性增长。以西北某省新能源装机渗透率 60％的情景为例，当日调节储能达到"饱和点"后，继续增加储能难以显著提高利用率，但若再实施 800 万 kW 火电机组灵活性改造，可释放约 80 万 kW 下调节能力，提高新能源利用率近 3 个百分点。

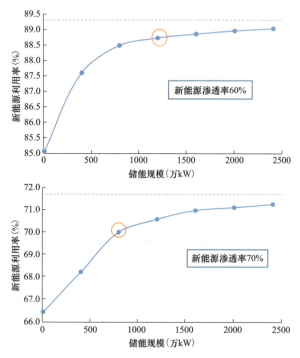

图 5 - 2　不同新能源渗透率下储能饱和作用点对比

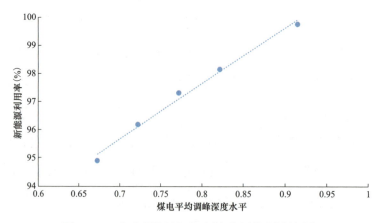

图 5 - 3　火电灵活性改造提升新能源利用率

5.2.2 日调节储能保障电力供应的饱和效应分析

日调节储能在"补缺口"保障电力供应方面同样存在能力逐渐减弱的"饱和效应"，不能作为保供"兜底措施"。以华中某省为例，无储能时 2030 年电力缺口 647 万 kW，按与电力缺口 1∶1 配置储能容量，可填补缺口实现电力保供。若电力缺口增至 1300 万 kW，按 1∶1 配置后仍有 250 万 kW 电力缺口，按 1∶1.3 配置储能才能实现无缺口。若电力缺口增至 1950 万 kW，即使按 1∶2 配置储能也仅能将缺口降至 1200 万 kW，同时出现电力和电量缺口。由此可见，日调节储能保障电力供应安全的能力有限，超过保供"饱和点"（保供效果显著下降的转折点）后，再新增日调节储能也难以有效填补电力缺口，甚至不再发挥作用，保供兜底措施不应过度依赖日调节储能。图 5-4 为日调节储能保供作用的饱和效应。

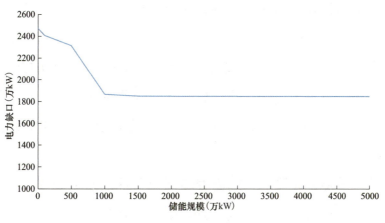

图 5-4　日调节储能保供作用的饱和效应

日调节储能保供出现"饱和效应"原因：电力缺口较大且持续时间较长时，系统内无足够"过剩电量"用于存储。随负荷增长或煤电退出，电力平衡缺口增大，且由短时缺口演变为长时缺口，尽管增加日调节储能可提升供需紧张时的保供能力，但若电力盈余时段的累积过剩电量（可控电源最大技术出力与当前出力之差）低于电力短缺时段的累积缺口电量，将引发"无电可储"现象，此时日调节储能的保供作用已饱和，再增加规模对减小电力缺口效果有限。且保供困难时段大概率伴随极端天气❶，若当日风光出力水平较低，只能依赖常规电源多发电量用于存储。

电力供应缺口越大，日调节储能保障电力供应、填补缺口能力越弱，日调节储能应作为"保供"规划中最后考虑的辅助选项。以华中某省为例，在电力缺口 647 万 kW 方案下，每百万千瓦储能填补缺口能力为 99.5 万 kW，若电力缺口扩大至原来的 2 倍，每百万千瓦储能填补缺口能力则降至 2/3。

5.2.3　相关建议

储能发展对"十四五""十五五"新能源消纳、电力安全保供的规划及政策有重要影响，需要引导科学确立储能定位，促进产业健康可持续发展。

一是科学认识储能对新能源消纳和电力保供的作用。"十四五""十五五"新增抽水蓄能和新型储能仍以日调节为主。但在新能源高渗透率下，日调节储能促进新能源消纳存在"饱和效应"；在电力缺口较大且持续时间较长时，系统内无足够"过剩电量"用于存储，日调节储能促进保供也存在"饱和效应"。因此，促进新能源消纳和保障电力供应不能过分依赖日调节储能作为兜底措施。

二是精准划分储能类型，合理配置不同调节性能储能设施。规范化和精细化储能类型划分，如日、多日、周、月、季、年调节等类型，综合考虑经济性和"饱和效应"，在不同时段、不同地区多元化合理配置包括多类型储能在内的灵活调节资源。特别是对新能源比重较高的"三北"地区，优先考虑火电灵活性改造、增加外送、需求侧响应等不存在饱和效应的措施，日调节储能仅作为辅助性和补充性手段。

---

❶ 以西北某省为例，统计历史气象和新能源出力数据，年均极端无风天气最大持续时间达 6 天，频次最高达 3 次/年。

三是制定各地区利用率管控目标要因地制宜。对新能源比例较高地区，"一刀切"保障95％利用率从技术层面不经济也不可行，应滚动测算各地区"利用率天花板"，并综合考虑系统成本，因地因时合理设定利用率管控目标。

5.3 发电机组未来"退役潮"对电力系统的影响研究

随着我国各类电源装机规模不断扩大，在实现碳中和目标之前的30年间，全国发电机组会出现较为集中的"退役潮"，进而对电力发展和安全带来较大考验，本专题围绕风、光等新能源和煤电机组"退役潮"开展分析，并给出策略建议。

5.3.1 未来30年机组退役规模、布局

预计我国风电、光伏和煤电机组将于2037、2040、2042年左右迎来退役尖峰，当年退役规模分别达1.5亿、1.8亿、1.7亿 kW。根据风电、光伏、煤电历史基建新增规模，按风电和光伏发电机组15～20年设计寿命、煤电机组30年寿命考虑，2037年将出现第一次机组退役尖峰，当年退役规模达1.5亿 kW，2040年出现第二次退役尖峰，当年退役规模达1.8亿 kW，2042年出现第三次退役尖峰，当年退役规模达1.7亿 kW。**分区域看**，碳达峰后2031－2040年间，华北和华东是机组退役容量最大的地区，退役规模分别为3亿、1.9亿 kW，其后是西北地区1.7亿 kW，华中地区1.3亿 kW，南方1.1亿 kW。图5-5为机组未来不同年份退役规模预测。

我国煤电机组将于2036、2039年左右迎来退役尖峰，当年退役规模分别达8700万、6200万 kW。20世纪80年代以来，我国电源进入快速发展阶段，尤其是2001－2010年间年均新增电源规模达到6000万 kW 以上，以煤电为主。预计2036年煤电机组将出现第一次退役尖峰，当年退役规模达8700万 kW，

83

2039 年出现第二次退役尖峰，当年退役规模达 6200 万 kW[1]。**分区域看，**碳达峰后 2031—2040 年间，华北和华东是煤电退役容量最大的地区，退役规模分别为 1.4 亿、1.1 亿 kW，其后是华中地区 6600 万 kW，西北地区 4500 万 kW。图 5-6 为煤电未来不同年份退役规模预测。

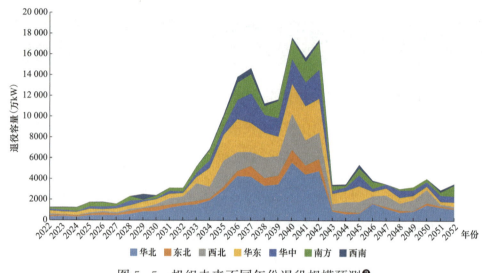

图 5-5　机组未来不同年份退役规模预测[2]

我国风电机组 **2035、2040 年左右将迎来退役尖峰**[3]**，当年退役规模分别达 3400 万、7300 万 kW。**2003 年后，我国风电进入快速发展时期，经过 20 年左右的规模化开发，风电机组将陆续进入退役期。预计 2030 年前风电退役规模增速平缓，涉及超过 3000 万 kW 老旧机组；2035 年左右出现第一次尖峰，年退役 3400 万 kW，2040 年左右出现第二次退役尖峰，年退役规模达 7300 万 kW。**分区域看，**碳达峰后 2031—2040 年间，华北和西北地区成为退役容量较大的地区，退役容量分别达 8300 万、6500 万 kW。图 5-7 为风电未来不同年份退役规模预测。

我国光伏发电机组 **2037 年左右将迎来退役尖峰，当年退役规模 5300**

---

[1]　本次研究按煤电寿命 30 年分析，并统计截至 2022 年底的机组容量，因此煤电退役预测至 2052 年。

[2]　各年份基建新增规模来自中国电力企业联合会《电力工业统计资料汇编》。

[3]　主要受 2015 年风电上网电价退坡、2020 年取消可再生能源补贴带来的"抢装潮"影响。

万 kW。从 2011 年开始，我国光伏行业快速走向产业化发展阶段，预计 2037 年光伏机组出现较大的退役尖峰，年退役规模达 5300 万 kW，2040－2042 年光伏机组退役规模将急速攀升，2042 年退役规模高达 8600 万 kW。**分区域看，**碳达峰后 2031－2040 年间，华北和西北地区退役容量较大，退役容量分别达 7200 万、6100 万 kW。图 5-8 为光伏发电未来不同年份退役规模预测。

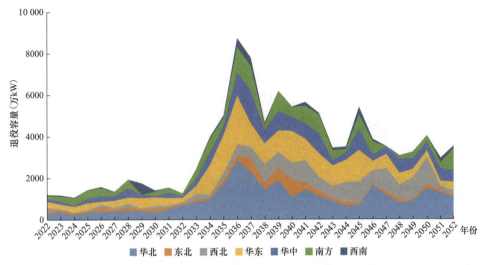

图 5-6　煤电未来不同年份退役规模预测

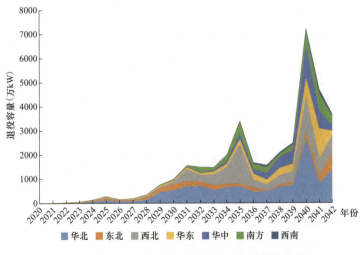

图 5-7　风电未来不同年份退役规模预测

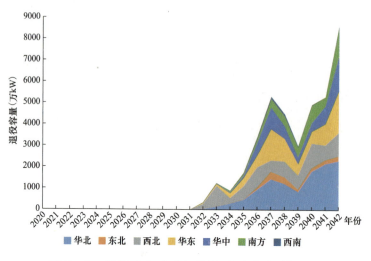

图 5 - 8   光伏发电未来不同年份退役规模预测

5.3.2   机组"退役潮"对电力系统的影响

从电力安全供应看，碳达峰后发电机组大规模集中退役会对电力系统保供能力带来较大冲击。碳达峰后 2031—2040 年，全国煤电、风电、光伏发电退役规模分别高达 4.7 亿、2.5 亿、2.5 亿 kW。若定义各水平年电源需求缺口等于电力行业碳中和路径下电源需求减去不考虑新建电源条件下的规模，以煤电为例，为保障电力供需平衡，2040 年全国煤电需求缺口为 2.1 亿 kW，主要分布在华北、西北和华东地区。到 2050 年，需求缺口进一步扩大，其中，煤电机组集中退役会降低特殊时段和极端天气下的电力系统韧性。图 5 - 9 为 2030—2050 年不考虑新建煤电条件下全国煤电需求缺口预测。

从新能源安全消纳看，风、光机组扩容替代叠加煤电机组退役会增加局部地区调峰需求，增大电网平衡调节难度。考虑到未来将进一步提高土地利用率，风、光机组一般会采取以大代小、以优代劣等扩容替代方式，初步测算，2035 年前全国风电机组扩容替代将新增系统调峰需求 5000 万 kW，而煤电机组大规模退役将使系统调峰能力降低近 2.1 亿 kW。

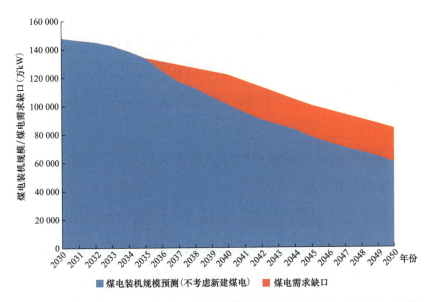

图 5-9　2030—2050 年不考虑新建煤电条件下全国煤电需求缺口预测

从电网安全运行看，预计 2035—2040 年输变电设备技改投资将出现尖峰，与机组退役尖峰叠加后，对电网投资能力提出更大需求。 不同类型机组退役可能带来电网并网容量提升❶、退役搬迁新建输电通道等问题，以东部某地区为例测算，2040 年风电扩容引起的输电线路改造成本将使当年输电线路技改投资规模增加 30% 以上，将带来较大的电网投资压力，需要提前谋划，提升电网投资能力，满足老旧输变电设备原有技改需求和电源退役带来的输电线路改造需求。

5.3.3　应对策略及建议

风、光等新能源和煤电机组"退役潮"对电力系统的影响不容忽视，综合来看，有以下 3 方面策略和建议：

（1）加强机组"退役潮"对电力系统带来的潜在风险的排查和监测预警，

---

❶ 按照《风电场改造升级和退役管理办法》（国能发新规〔2023〕45 号），风电场增容改造配套送出工程改扩建原则上由电网企业负责。

为风险治理提供数据支撑。

运用数字化技术强化统计分析，对各地区机组退役及改造情况进行常态化监测评估，滚动开展分地区机组退役改造和电网设备技改形势推演，识别机组"退役潮"对不同地区电力安全供应、新能源安全消纳和电网安全运行的潜在影响。

(2) 合理安排机组退役规模和时序，避免大规模机组集中退役对电力供应安全和运行安全的冲击。

根据未来各地区电力供需形势、机组"退役潮"、电网设备技改需求等情况，合理安排机组退役规模和时序，实现机组退役规模"削峰填谷"，合理压降机组退役带来的电网投资需求陡升。碳达峰后，必须用好用足存量煤电资源，综合分析研究结果，预计将 2036—2040 年退役的煤电延寿至 35 年以上，2041 年以后退役的煤电延寿至 40 年以上，才能基本实现电力供需平衡。

同时，应加强电网建设改造与机组退役间的协同规划，增强电网自身的适应性，根据机组退役规模和时序、新能源消纳条件变化等，及时优化电网规划方案。

(3) 考虑碳达峰后碳减排约束对煤电发展的制约，为提升送端电网安全韧性，应提前推动光热发电技术升级和产业化，有序推动光热发电替代西北退役煤电和风电、光伏发电。

光热发电具有灵活调节和系统支撑能力，随着技术进步和成本快速下降，碳达峰后具有规模化利用前景。碳达峰后西北退役煤电规模较大，受碳减排因素制约，煤电发展不及预期将给电力安全供应带来较大挑战。此外，2031—2040 年西北风、光发电退役规模达 1.3 亿 kW，利用风、光退役后原址再建光热电站，替代退役煤电和风、光发电，可以充分利用土地资源和原有输电通道，提升电力系统安全韧性。

（本章撰写人：伍声宇、元博、徐波、龚一莼、王琢璞、张晋芳

审核人：张富强、刘俊）

参 考 文 献

［1］中国电力企业联合会统计与数据中心．电力工业统计资料汇编：2011－2021. 北京：中国电力企业联合会，2011－2021.

［2］中国电力企业联合会．2022 年全国电力工业统计快报．

［3］中国电力企业联合会．中国电力行业年度发展报告 2023. 北京：中国建材工业出版社，2023.

［4］国家统计局．中华人民共和国 2022 年国民经济和社会发展统计公报．北京：国家统计局，2023.

［5］中国石油集团经济技术研究院．2022 年国内外油气行业发展报告．北京：石油工业出版社，2023.

［6］中国气象局国家气候中心．中国气候公报（2022）．北京：中国气象局，2023.

［7］中国气象局风能太阳能中心．中国风能太阳能资源年景公报（2022 年）．北京：中国气象局风能太阳能中心，2023.

致　　谢

　　《中国电源发展分析报告　2023》在编写过程中，得到了许江风、梁双、查浩、陈愚、叶静及一些业内知名专家的大力支持，在此表示衷心感谢！